Charles Gisquet

La famille source de bonheur...

Charles Gisquet

La famille source de bonheur...

Le lieu de vie par excellence

Éditions Croix du Salut

Impressum / Mentions légales
Bibliografische Information der Deutschen Nationalbibliothek: Die Deutsche Nationalbibliothek verzeichnet diese Publikation in der Deutschen Nationalbibliografie; detaillierte bibliografische Daten sind im Internet über http://dnb.d-nb.de abrufbar.
Alle in diesem Buch genannten Marken und Produktnamen unterliegen warenzeichen-, marken- oder patentrechtlichem Schutz bzw. sind Warenzeichen oder eingetragene Warenzeichen der jeweiligen Inhaber. Die Wiedergabe von Marken, Produktnamen, Gebrauchsnamen, Handelsnamen, Warenbezeichnungen u.s.w. in diesem Werk berechtigt auch ohne besondere Kennzeichnung nicht zu der Annahme, dass solche Namen im Sinne der Warenzeichen- und Markenschutzgesetzgebung als frei zu betrachten wären und daher von jedermann benutzt werden dürften.

Information bibliographique publiée par la Deutsche Nationalbibliothek: La Deutsche Nationalbibliothek inscrit cette publication à la Deutsche Nationalbibliografie; des données bibliographiques détaillées sont disponibles sur internet à l'adresse http://dnb.d-nb.de.
Toutes marques et noms de produits mentionnés dans ce livre demeurent sous la protection des marques, des marques déposées et des brevets, et sont des marques ou des marques déposées de leurs détenteurs respectifs. L'utilisation des marques, noms de produits, noms communs, noms commerciaux, descriptions de produits, etc, même sans qu'ils soient mentionnés de façon particulière dans ce livre ne signifie en aucune façon que ces noms peuvent être utilisés sans restriction à l'égard de la législation pour la protection des marques et des marques déposées et pourraient donc être utilisés par quiconque.

Coverbild / Photo de couverture: www.ingimage.com

Verlag / Editeur:
Éditions Croix du Salut
ist ein Imprint der / est une marque déposée de
AV Akademikerverlag GmbH & Co. KG
Heinrich-Böcking-Str. 6-8, 66121 Saarbrücken, Deutschland / Allemagne
Email: info@editions-croix.com

Herstellung: siehe letzte Seite /
Impression: voir la dernière page
ISBN: 978-3-8416-9834-6

Copyright / Droit d'auteur © 2012 AV Akademikerverlag GmbH & Co. KG
Alle Rechte vorbehalten. / Tous droits réservés. Saarbrücken 2012

LA FAMILLE

SOURCE DE BONHEUR,
DE CAUCHEMAR
OU D'ECHEC ?...

charles gisquet

PREFACE

Un livre sur "La FAMILLE" était-il nécessaire?...

De nombreux ouvrages ont été écrits sur ce thème ; en fallait-il un de plus?

Loin de moi la pensée de vouloir rivaliser avec ce qui a déjà été fait, car la bibliographie à la fin de cet ouvrage vous indique une liste non exhaustive de documents que vous pouvez consulter pour enrichir votre réflexion sur la famille.

Avec mon épouse Lucienne, pendant plus de 25 ans, nous avons répondu à l'invitation des églises en France, en Belgique et en Allemagne, pour enseigner sur ce thème de "La FAMILLE". Elle fut pour moi une aide précieuse auprès des femmes pour les conseiller, les consoler dans certaines situations difficiles et délicates. Suite à ces interventions, nous avons reçu et je reçois encore de nombreux témoignages de certains couples qui, au bord de la rupture, se sont ressaisis ou se sont reconstruits.

Un premier document - un simple canevas d'étude - avait été édité et diffusé à plus de 10 000 exemplaires ; il est aujourd'hui introuvable. C'est pour répondre à la demande de nombreuses personnes que cet ouvrage vous est présenté. Le sujet est loin d'être épuisé, car nous n'avons pas la prétention de répondre aux nombreuses questions qui se posent dans les couples. Nous dirons simplement qu'il est un fil conducteur sur ce que devrait être "La FAMILLE" telle que Dieu l'a voulue.

Un souhait : que le lecteur y trouve conseils, exhortations, encouragements et dès à présent, c'est à Dieu qu'en revient toute la gloire.

Merci également aux pasteurs qui, par leurs conseils et avis, m'ont permis de mener à bien ce travail.

charles gisquet

INTRODUCTION

Tous ceux qui ont envisagé de fonder une famille l'ont fait avec l'espoir d'être heureux. Il est difficile d'évaluer tous ceux qui ont réussi, mais je crois qu'ils sont nombreux. C'est tout aussi difficile de définir le nombre de ceux pour qui le mariage a été, et est encore, un vrai cauchemar, où se succèdent la tristesse, les frustrations, les déceptions et les larmes. Et puis il y a tous ceux qui ont franchi le cap qu'ils n'avaient pas souhaité, le cap de l'échec, celui de la rupture, du divorce, avec tout le cortège de leurs dramatiques conséquences : l'humiliation, la honte, l'amertume, la rancœur, la haine, le déchirement, les situations matérielles difficiles, les enfants perturbés, traumatisés, l'ébranlement nerveux ...

Alors, comment construire et vivre sa vie familiale sur des bases solides ?

Comment affronter les passages difficiles ? Comment traverser les conflits et les régler ? Comment surmonter les échecs ?

Cet ouvrage n'a pas la prétention de répondre à toutes les questions qui se posent aujourd'hui dans les familles. C'est la raison pour laquelle il est seulement un simple exposé, qui par le moyen de citations bibliques, nous trace le chemin qu'il est souhaitable de suivre.

Peu de textes bibliques parlent de la famille, et plusieurs de ceux qui le font ne sont pas des plus élogieux. Voyez plutôt :

Adam et Eve se sont concertés pour désobéir à Dieu, et leur fils Caïn est devenu un meurtrier.

Abraham, par lâcheté, a exposé sa femme Sara à coucher avec le Pharaon.

Lot s'est livré à l'ivresse et à l'inceste avec ses deux filles pour assurer une postérité.

Jacob a usé de tromperie envers son père et son frère.

David est devenu adultère et assassin.

Un croyant de l'église de Corinthe a pris la femme de son père.

Dans la Bible, Dieu parle à des individus, donne des conseils en ce qui concerne les relations humaines, y compris les relations familiales. Voilà pourquoi sur le thème qui nous concerne, "LA FAMILLE", il est bon de nous mettre à l'écoute de Dieu.

REFLEXIONS SUR LE MARIAGE

La Famille est un sujet très important, surtout pour notre génération désorientée qui a perdu le sens des véritables valeurs morales et spirituelles.

Pour méditer sur la famille et le mariage, et afin de connaître leur véritable signification, il faut faire le bon choix en ce qui concerne la base de référence. Le monde et les mœurs actuelles nous offrent un spectacle décevant ; alors nous avons choisi de nous REFERER A LA BIBLE. En effet, c'est là, dans ses pages, que nous trouvons le PREMIER mariage au plein sens du terme.

Compte tenu du renversement des valeurs, et par voie de conséquence l'évolution de la législation d'aujourd'hui qui banalise la liberté sexuelle, le concubinage, le divorce, il faut que les croyants se souviennent de cette parole de Dieu prononcée par l'apôtre Pierre : *"Jugez s'il est juste, devant Dieu, de vous obéir plutôt qu'à Dieu ?"* (Actes 4/19) et cette autre parole : *"Il FAUT obéir à Dieu plutôt qu'aux hommes."* (Actes 5/29) et encore : " *Ne vous conformez pas au siècle présent* " (Romains 12/2).

Il faut le savoir : le "MARIAGE" et les "FIANÇAILLES" ont toujours été régis par des principes et des lois chez tous peuples, avec des variantes plus ou moins marquées selon les cultures, et cela depuis la plus haute antiquité.

Le fait que de nos jours beaucoup de personnes pensent que les fiançailles et le mariage sont tenus pour peu de chose n'en diminue point leur valeur respective pour ceux qui veulent construire un foyer solide. En France, le nombre des mariages diminue chaque année. Aujourd'hui, on se marie moins souvent et plus tard.

UN PEU DE VOCABULAIRE

FIANÇAILLES
Les fiançailles peuvent être définies comme la promesse réciproque de se prendre plus tard comme époux. C'est un engagement mutuel en vue du mariage. En droit français, une rupture de fiançailles sans raison sérieuse est un motif de procédure avec dédommagement.

FLIRT
Le flirt est un "JEU" amoureux et éphémère aux conséquences incontrôlables dont la valeur morale reste à prouver.

MARIAGE
C'est une institution qui a pour objet essentiel de concrétiser l'engagement à vie de deux êtres, d'assurer la continuité de la famille et la protection des enfants. Cet engagement est pris selon les cultures et les peuples en fonction de lois et de principes bien déterminés (autorités civiles et religieuses, notables ou des membres influents des familles)

FAMILLE
C'est un groupe social dont les membres sont liés par l'engagement du mariage et dont les formes sont déterminées par des règles précises. Ces règles varient selon les cultures et les races, mais elles existent partout. La famille, c'est le groupe de référence principal du genre humain.

MARI - EPOUSE
C'est un homme uni à une femme par les règles du mariage, et vice versa.

Un texte est à considérer : Jean 4/16-18

MARITALEMENT (concubinage)
C'est vivre comme mari et femme, mais "SANS ETRE LIES" par les règles du mariage.

UNE REMARQUE IMPORTANTE

Pendant longtemps on a dit que la famille était la première cellule de la société humaine. Cette notion est toujours très forte chez les peuples dits "primitifs", mais par contre, elle se dévalorise dans les sociétés dites "évoluées".

UN FAIT IMPORTANT

1994 a été choisie comme L'ANNEE DE LA FAMILLE.
Sur l'initiative de l'ONU, le **15 mai** de chaque année sera désormais la *"JOURNEE INTERNATIONALE DE LA FAMILLE"*.

CONCUBINAGE - AMOUR LIBRE - MARIAGES MIXTES

Avant d'aborder notre étude sur la FAMILLE, nous devons examiner la question du "concubinage", de "l'amour libre" et des mariages "mixtes". En effet, ces diverses conditions de vie ne correspondent pas à ce que Dieu a prévu pour la famille.

Nous devons le savoir, ces diverses situations de vie de couple sont à l'origine de graves problèmes et ont engendré bien des désillusions.

Dans ce chapitre, nous abordons un style de vie répandu dans la société d'aujourd'hui. La législation de notre pays aidant, ces choses sont devenues normales pour le commun des mortels. Il faut donc que les croyants aient un fondement biblique solide afin de vivre comme des enfants de lumière dans un monde où les ténèbres règnent.

UNE IMPORTANTE EXHORTATION

Sauvez-vous de cette génération perverse. (Actes 2/40)
Ne vous conformez pas au siècle présent. (Romains 12/2)

LE CONCUBINAGE

"Concubinage" : c'est une union libre, une cohabitation sans mariage ; c'est la condition d'un homme et d'une femme qui vivent ensemble sans être mariés.
Aujourd'hui en France, un nombre important de couples vivent en "union libre". Les statistiques officielles ne parviennent pas à en définir le nombre exact, car une partie seulement de ces couples fait établir un certificat de vie commune. Le nombre de ceux qui refusent le concubinage pour raison morale ou religieuse est estimé à environ 6%.

Vivre en concubinage, c'est vivre "maritalement" c'est-à-dire comme mari et femme, mais sans être mariés légalement.

Nous devons savoir que Dieu n'a pas institué le "concubinage", pour la simple raison qu'il n'y a pas d'engagement (alliance) entre les époux ; or Dieu est le Dieu des alliances (Jean 4/16-18).

Le "concubinage" met en évidence le fait que les concubins n'ont pas confiance dans la durée de leur union et de leurs sentiments réciproques, puisque il n'y a pas d'alliance. Le "concubinage" est la preuve évidente d'un manque d'amour véritable. Les concubins ne prennent pas vraiment en compte la réaction des enfants qui naîtront, ni leur avenir.

La polygamie est une autre forme de concubinage. Nous devons savoir que Dieu ne l'a jamais prévue et qu'Il ne l'a jamais approuvée.

L'AMOUR LIBRE

L'amour libre, appelé encore liberté sexuelle, ou multiplication des partenaires, c'est les relations sexuelles hors des liens du mariage. La Bible nomme la chose par les termes suivants : "*Déshonneur*" (Genèse 34/2), "*Infamie*" (Genèse 34/7) dans le cas de Dîna avec Sichem, "*Débauche*" (1 Corinthiens 6/9). Plusieurs ont traduit ces différents termes par *"fornication"*. A ne pas confondre avec *"adultère"* (1 Corinthiens 6/9) qui est réservé à ceux qui sont mariés.
Nous devons savoir que ces choses sont condamnées par la Bible.

Une grande déclaration
Le corps n'est pas pour la débauche. Il est pour le Seigneur... (1 Corinthiens 6/13)

D'où cette condamnation
Ne vous y trompez pas : ni les débauchés... ni les adultères... n'hériteront le royaume de Dieu. (1 Corinthiens 6/9-10)
Voir aussi Apocalypse 21/8 et 22/15 et Proverbes 6/32-33

Notons ce sérieux avertissement

Notre génération considère l'amour libre comme une chose normale, et certains croyants sont tentés de faire de même, mais nous devons être attentifs à l'exhortation suivante :

Que personne ne vous séduise par de vains discours ; car c'est à cause de ces choses que la colère de Dieu vient sur les fils de la rébellion. N'ayez AUCUNE PART avec eux (Ephésiens 5/6-7).
Voir aussi Proverbes 6/32-33

Remarque sur l'adultère

L'adultère n'est pas une fatalité ni un incident de parcours, un moment de faiblesse ou autre, alors :

Pourquoi l'adultère ?

Voici la réponse : *La bouche des étrangères est une fosse profonde ;* **celui contre qui l'Eternel est irrité y tombera.** (Proverbes 22/14)

Comment échapper à l'adultère ?

Et j'ai trouvé plus amère que la mort la femme dont le cœur est un piège et un filet, et dont les mains sont des liens ; **celui qui est agréable à Dieu lui échappe,** *mais le pécheur est pris par elle.*
(Ecclésiaste 7/26)

Un texte important

Si un homme séduit une vierge... couche avec elle... il la prendra pour femme. (Exode 22/16)

La Bible nous montre par ce texte la responsabilité de celui qui a des relations sexuelles avec une jeune fille.

LES MARIAGES MIXTES

Il existe plusieurs formes de "*mariages mixtes*" : entre les personnes de nationalité différente, de milieu social, de religion, de politique différents... Nous n'aborderons pas ces sujets. Disons toutefois qu'à ce niveau, une sérieuse réflexion s'impose car ces différences suscitent parfois de graves problèmes lorsque le couple sera confronté à des difficultés relationnelles.

Par contre, la Bible attire notre attention sur le cas d'une personne qui marche avec Dieu et l'autre pas. En ce qui concerne le mariage entre ces personnes, la Bible ne manque pas de noter ce détail pour lui donner l'importance que Dieu considère.

Un fait est établi : Dieu désavoue, nous pouvons dire même "condamne" le mariage d'un croyant avec un non-croyant.

DANS L'ANCIEN TESTAMENT

Tu ne contracteras point de mariage avec ces peuples, tu ne donneras point tes filles à leurs fils, et tu ne prendras point leurs filles pour tes fils. (Deutéronome 7/3) Il existe beaucoup d'autres textes qui confirment cette exhortation.

Pourquoi Dieu exprime-t-il ce désaveu ?
De peur que... ils n'entraînent tes fils à se prostituer à leurs dieux. (Exode 34/16)

Car ils détourneraient de moi tes fils... (Deutéronome 7/4)

Car ils ont pris de leurs filles pour eux... et ils ont mêlé la race sainte. (Esdras 9/2)

DANS LE NOUVEAU TESTAMENT

Dans le Nouveau testament, nous retrouvons la même recommandation.

Ne vous mettez pas avec les infidèles sous un joug étranger. Car quel rapport y a-t-il entre la justice et l'iniquité ? ou qu'y a-t-il de commun entre la lumière et les ténèbres ? (2 Corinthiens 6/14)

...ou quelle part a le fidèle avec l'infidèle ? (2 Corinthiens 6/15)

Car nous sommes le temple du Dieu vivant, comme Dieu l'a dit : j'habiterai et je marcherai au milieu d'eux ; je serai leur Dieu, et ils seront mon peuple. (2 Corinthiens 6/16)

C'est pourquoi, sortez du milieu d'eux, séparez-vous, dit le Seigneur ; ne touchez pas à ce qui est impur et je vous accueillerai. (2 Corinthiens 6/17)

Je serai pour vous un père, vous serez pour moi des fils et des filles, dit le Seigneur tout-puissant. (2 Corinthiens 6/18)

Voir aussi : 1 Corinthiens 7/39

Vous êtes une race élue, un sacerdoce royal, une nation SAINTE. (1 Pierre 2/9)

Notons deux remarques

Attention au mariage d'un croyant avec une personne religieuse mais "*NON CONVERTIE*" c'est-à-dire une personne qui n'a pas fait l'expérience de la nouvelle naissance.

Il y a aussi le cas d'un mariage entre deux croyants issus de deux églises évangéliques de dénominations différentes : une sérieuse réflexion s'impose.

CONCLUSION

Nous avons vu que Dieu désapprouve le concubinage, car il n'y a pas d'alliance. Il en est de même de l'amour libre, de la "liberté" sexuelle, de la multiplication des partenaires car dans tous ces cas, c'est de l'impudicité ou de la débauche.

En ce qui concerne les mariages mixtes, une sérieuse réflexion s'impose lorsqu'il existe une grande différence entre les deux futurs conjoints. Pour ce qui est du mariage d'un croyant avec un non-croyant, Dieu le désavoue totalement, de peur que le croyant ne soit détourné de sa foi.

LES FIANÇAILLES ?

Les *"FIANCAILLES"*, c'est une promesse réciproque de se prendre ultérieurement comme époux. Bien qu'elles ne soient pas un contrat, certaines ruptures de fiançailles peuvent entraîner des conséquences juridiques.

A. BENABENT, dans son ouvrage " Droit Civil, la Famille ", définit ainsi les fiançailles : *"Les fiançailles apparaissent comme une phase d'observation, comme une période de préparation morale, matérielle, voire religieuse de l'union future".*

En conséquence, l'engagement des fiancés doit être vrai et sincère : *Que votre OUI soit OUI.* (Matthieu 5/37).

Cet engagement se fait généralement en famille, avec une certaine solennité. La rupture de cet engagement sans motif légitime est une faute grave qui, jugée par les tribunaux, a déjà donné lieu à des dommages et intérêts.

ATTENTION : Durant la période des fiançailles et sous prétexte qu'il y aura mariage, certains fiancés sont passés au concubinage !

Aujourd'hui, beaucoup de fiancés vivent ensemble avant le mariage. Ne manquons pas de prendre note de cette parole : *NE VOUS CONFORMEZ PAS AU SIECLE PRESENT.* (Romains 12/2)

"LE FLIRT" : C'est un jeu amoureux éphémère, aux conséquences incontrôlables et dont la moralité reste à prouver. C'est la porte ouverte à l'impudicité et à la débauche. (Nous en reparlerons plus loin).

LES FIANÇAILLES SELON LA BIBLE

La Bible parle peu des fiançailles, mais le peu qu'elle en dit est très éloquent. Par le moyen de la Bible et par divers documents historiques, nous savons que la coutume des fiançailles remonte à la plus haute antiquité. La première mention des fiançailles que nous trouvons dans la Bible est Exode 22/16.

Nous lisons aussi que les esclaves pouvaient se fiancer (Lévitique 19/20). D'après la loi de Moïse, les fiançailles étaient un cas d'exemption de service militaire en cas de guerre (Deutéronome 20/7). Selon Esaïe 61/10, nous voyons le fiancé orné d'un diadème et la fiancée parée de ses joyaux. Le Cantique des Cantique 3/11 parle des fiançailles du Roi Salomon. Joseph et Marie étaient fiancés (Matthieu 1/18-20). A l'époque biblique, les fiançailles avaient une valeur, une importance qu'elles n'ont plus de nos jours.

Une remarque importante

Le Seigneur Lui-même se présente comme le fiancé de son peuple, (Osée 2/21-22). Dans ce texte, il est mis en évidence l'infidélité du peuple, mais Dieu dit lui-même qu'il reste le fiancé. C'est un sujet de réflexion pour les fiançailles qui sont rompues à la moindre déception... Cette manière d'agir ne reçoit pas l'approbation de Dieu. Il est vrai que l'on dit : *"Il vaut mieux rompre des fiançailles qu'un mariage"*, mais il faut reconnaître que cela n'est valable que pour des raisons vraiment justifiées. Il est à noter qu'en "*droit Français*" certaines ruptures de fiançailles peuvent conduire à des dommages et intérêts.

Paul écrit que l'Eglise est la fiancée du Seigneur Jésus (2 Corinthiens 11/2). La lecture de cette épitre aux Corinthiens met en évidence les lacunes qu'il y avait dans cette église, et pourtant Paul dit qu'elle est la fiancée du Seigneur Jésus. Il y a là une leçon à retenir.

CONCLUSION

Les quelques versets bibliques qui parlent des fiançailles nous montrent combien Dieu attache une grande importance à cette période de la vie. En conséquence, il faut vivre le temps des fiançailles dans la dignité, afin de bâtir un couple solide.

LA FAMILLE selon la BIBLE

La "FAMILLE" désigne l'union légale d'un homme avec une femme par le lien conjugal pour perpétuer leur espèce et s'aider l'un et l'autre dans leur commune destinée.

DEFINITION JURIDIQUE DU MARIAGE

"Union stable de l'homme et de la femme résultant d'une déclaration reçue sous forme solennelle en vue de la création d'une famille. Ce terme désigne aussi l'acte créateur de l'union" (Dictionnaire Dalloz, 8ème édition, page 316)

La famille se compose du père, de la mère et des enfants (famille nucléaire).

La notion de famille varie selon les sociétés, les cultures et les civilisations, mais c'est une réalité chez tous les peuples.

D'OÙ VIENT LA FAMILLE ?

La famille n'est pas une idée humaine qui a surgi au hasard d'un jour. Elle a une origine précise, et son origine est divine.

DIEU EST L'ARCHITECTE DE LA FAMILLE

C'est dans la Bible que nous trouvons l'origine de la famille. Il est écrit : *Dieu créa l'homme à son image* (sainteté, amour, sagesse...) *Il créa l'homme et la femme.* (Genèse 1/27) *L'Eternel forma une femme... et il l'amena vers l'homme.* (Genèse 2/22)

Il faut noter ici que Dieu n'a pas imposé à l'homme la femme qu'il lui a présentée ; c'est l'homme qui l'a acceptée et il l'a prise pour compagne, comme épouse.

En conséquence, nous découvrons : **Dieu les bénit**, *et Dieu leur dit : Soyez féconds, multipliez, remplissez la terre... et dominez sur...* (Genèse 1/28)

Pour préserver cette union, Dieu proclama la loi suivante : *C'est pourquoi l'homme QUITTERA son père et sa mère, et s'ATTACHERA à sa femme, et les deux DEVIENDRONT une seule chair.* (Genèse 2/24)

Dans le Nouveau Testament, nous trouvons cette recommandation : *Que* **le mariage soit honoré de tous**, *et le lit conjugal exempt de souillure, car Dieu jugera les débauchés et les adultères.* (Hébreux 13/4)

Ces quelques textes mettent en évidence l'origine divine du mariage. Mettre en doute cette vérité est une attitude de mauvaise foi.

REMARQUES IMPORTANTES

Les textes suivants montrent l'importance du mariage ; l'homme est exhorté à ne pas le détruire, ni le briser, car Dieu a eu soin de bénir l'union qu'il représente. C'est ce que Jésus a confirmé : *Que l'homme ne sépare pas ce que Dieu a joint.* (Matthieu 19/6 et Marc 10/9)

Même dans les épîtres, nous avons cette recommandation : *... que la femme ne se sépare point de son mari* (1 Corinthiens 7/10) *et que le mari ne répudie point sa femme.* (1 Corinthiens 7/11)

DUREE DU MARIAGE

Nous l'avons dit plus haut : le mariage est une "alliance". Dieu veut qu'il subsiste ; c'est la raison pour laquelle il a eu soin de le bénir. Il s'établit dans la durée, d'où cette déclaration : *Une femme est liée à son mari aussi longtemps que son mari est vivant...* (1 Corinthiens 7/39)

Il va sans dire que cette affirmation est aussi valable pour le mari. (voir aussi Romains 7/2-3)

Nous le verrons plus loin, seule l'infidélité, c'est-à-dire l'adultère, porte une grave atteinte à l'alliance du mariage.

CONCLUSION

Dieu a créé l'homme et la femme pour qu'ils se rencontrent ; l'attention de l'un se porte vers l'autre, ils s'apprécient, ils s'estiment et ils se choisissent. C'est à partir de ce moment que leur amour va se tisser afin qu'ils s'aiment et qu'ils construisent ensemble un couple qui soit l'objet de la bénédiction de Dieu.

L'HARMONIE FAMILIALE

Dans ce chapitre, nous étudierons le rôle respectif de chaque conjoint. En effet, la solidité du couple dépend de la responsabilité et de la place occupée par chacun d'eux. Il faut aussi prendre en compte le comportement des personnes qui vont évoluer dans leur environnement : la belle famille, les enfants, mais aussi les amis et les relations.

Pour bien comprendre et gérer l'harmonie familiale, nous devons considérer cette parole de Dieu : ***"Toutes les familles de la terre seront bénies." (Genèse 12/3)*** Cette parole de Dieu est une réalité. Toutefois, nous devons savoir que Dieu ne peut pas bénir n'importe quoi et par voie de conséquence, n'importe qui.

Pour que cette parole de Dieu se réalise, il va de soi que les conjoints doivent éviter certaines attitudes, certains comportements, certaines paroles... Car la preuve est faite depuis longtemps : c'est là que naissent les conflits. Aussi, lorsque ces choses arrivent, il faut se hâter de rattraper et réparer si nécessaire toutes les maladresses, les erreurs et tout particulièrement les fautes.

DES CAUSES DE DIFFICULTES CONJUGALES

Il est bon de chercher, de comprendre et de nous arrêter sur quelques causes de difficultés conjugales. Elles existent et nous ne devons pas les ignorer ; mais il faut les découvrir, les reconnaître et en faire une analyse lucide.

Les difficultés sont de deux ordres :

1 - Celles qui sont compréhensibles
2 - Celles qui sont inadmissibles

Nous verrons quelques points essentiels, mais la liste n'est pas close, loin s'en faut ; elles seront des points de repères.

LES CAUSES COMPREHENSIBLES

Le manque d'expérience de la vie de couple

Au-delà de toutes les marques de tendresse et d'affection que se prodiguent les époux, il y a toutes les exigences de la vie domestique. Trop souvent, hélas, cette formation ou éducation a été négligée dans le cocon familial des parents et elle fait cruellement défaut dans la vie du couple. Cela est aussi vrai pour la jeune épouse que pour le jeune époux.

Le temps est venu pour l'un et l'autre de se mettre à l'ouvrage pour alléger, faciliter et partager les tâches de la vie commune que l'on poursuit ensemble. L'amour que l'on a pour l'autre doit se manifester jusque dans le service que l'on doit accomplir, chacun pour sa part.

Le manque de connaissance de l'autre

Un certain nombre de personnes arrivent au mariage sans connaître l'autre, alors qu'il existe d'importantes différences physiologiques, mais aussi de sensibilité, d'émotivité dans l'appréciation des choses et des événements. Ceci explique les moments d'humeur, de silence, de nostalgie, d'agressivité...

La fatigue et la maladie

La fatigue a des causes multiples. Il y a bien sûr le surcroît de travail, qui est le premier responsable, ainsi qu'une vie trépidante. Mais il faut aussi chercher ailleurs. Une déception, une blessure morale, une contrariété, ne sont pas à sous-estimer dans ce domaine.

Il y a aussi la maladie sous toutes ses formes et aspects, avec son cortège de souffrance, de lassitude, d'épuisement. C'est le moment où l'on se doit le plus l'un à l'autre afin de se manifester amour, aide, compréhension, consolation, tendresse...

Le chômage et les problèmes financiers

Le chômage est une étape de la vie humiliante, traumatisante, qui a déstabilisé plus d'un foyer. C'est aussi un moment où l'on se doit d'exprimer compréhension, conseils, encouragements, aide...

Remarque : *Le stress, provoqué par les causes ci-dessus, est responsable d'un grand nombre de divorces.*

LES CAUSES INADMISSIBLES

Nous les appelons des causes inadmissibles car elles mettent en évidence de mauvaises habitudes, des manies, des vices... disons-le, des péchés notoires. Osons regarder ces choses en face, les identifier et les appeler par leur nom. C'est par elles que l'on trouble son foyer, que l'on attise les conflits et que l'on va vers des ruptures. La liste ci-dessous n'est qu'un aperçu et elle n'est pas exhaustive.

L'égoïsme : recherche de son bien-être personnel ; établir son autorité ; l'autoritarisme...

Les vices et les passions : tabagisme ; alcoolisme ; drogue ; débauche ; dérèglement sexuel...

L'infidélité : conjugale ; l'inceste ; l'homosexualité... Voir les textes suivants : Lévitique 18-20/11-22 ; Ezéchiel 22/11-21 ; les copains et les amis que l'on préfère à son conjoint.

La convoitise : les plaisirs ; la mode ; le luxe ; l'argent ; la jalousie...

Le manque d'hygiène : morale (vulgarité, grossièreté) ; physique (malpropreté corporelle) ; laisser aller (désordre, négligence vestimentaire, domestique...)

Le manque d'éducation : manque de savoir vivre, de prévenance, de politesse ; l'éducation des enfants...

L'emprise des familles : l'emprise des parents de l'un ou l'autre des époux, des frères et sœurs...

La religion : manque de piété personnelle ou familiale ; mariage avec un non croyant ; mariage avec un croyant d'une autre dénomination ; la politique ; l'athéisme...

La violence : verbale (disputes continuelles) ; physique (gifles, coups, viol conjugal)...

Toutes ces choses doivent être considérées avec attention ; vouloir les excuser, les minimiser, s'obstiner à ne pas leur accorder toute leur importance, c'est exposer le couple à la rupture. Or, l'erreur serait alors plus grande.

COMMENT EVITER CES CHOSES ?

Pour éviter les conflits dans le couple, chaque conjoint ne peut être efficace qu'en vivant une piété personnelle réelle et vivante, mais il faudra également une piété familiale tout aussi réelle et vivante.

Pour cela, il faut que chaque conjoint ait fait une véritable conversion à Dieu, suivie d'une consécration totale ; il faut vivre dans la sainteté, dans la foi et la sagesse ; il faut avoir entre époux un amour vrai et le désir de surmonter la crise, le problème.

Voilà la protection du couple et de la famille.

COMMENT AFFRONTER LES PROBLEMES ?

Quand les difficultés surgissent dans le couple, il faut les aborder et agir avec lucidité, avec amour et avec foi, car le conflit a faussé le jugement.

Il faut juger avec lucidité

Ce conflit est-il un incident ? Et donc compréhensible ? Il faut alors s'efforcer de comprendre, pour s'excuser ou excuser ; pour demander pardon ou pardonner ; pour aider son conjoint ou se laisser aider.

Lorsque le conflit est un état, une mentalité, et donc inadmissible, il faut reprendre, désavouer la chose, aider à trouver la solution.

Une maîtrise de soi s'impose, car il faut éviter de se laisser emporter par des paroles vives ou la colère ; que dire des attitudes, celles du visage en particulier ? car c'est lui le miroir des sentiments qui sont dans le cœur.

Il faut agir avec sagesse et amour

Il faut parler du problème sans amertume, mais avec fermeté. Il est écrit : *Si ton frère a péché, va et reprends-le...* (Matthieu 18/15) ; *Reprenez les uns... sauvez-en d'autres en les arrachant du feu...* (Jude 22-23). Il faut donc aider celui ou celle qui en a besoin en l'interpellant, en l'exhortant ; en donnant un conseil, un encouragement ; en priant ensemble. Le but à atteindre étant de sortir la personne d'une mauvaise condition, pour l'amener à la réalité et au bon sens.

Il faut agir avec foi

Sachons que Dieu a la solution de tous les problèmes et qu'il a la réponse à tous nos besoins. Toutefois, nous devons savoir que Dieu ne fera pas à notre place ce que nous avons à faire.

L'intéressé doit avoir foi en Dieu, en ce qui concerne son amour, sa miséricorde et sa puissance pour changer sa vie, sa mentalité, son caractère... Il faut avoir foi dans le sacrifice de Jésus, qui est mort pour ôter nos péchés et faire de nous de nouvelles créatures.

L'autre conjoint doit aussi avoir la même foi et croire que Dieu peut intervenir pour réaliser des choses étonnantes. Ne regardons pas aux nombreux échecs du passé, mais regardons vers l'avenir avec confiance, car le meilleur est devant nous.

COMMENT REGLER LES PROBLEMES ?

Tout ce qui est mal, une mauvaise habitude, un vice, une passion, une mauvaise mentalité, enfin, disons-le, tout ce qui est un péché, trouve sa solution dans les quatre points suivants :

Une réelle conviction de péché

La *"conviction de péché",* c'est la prise de conscience de la gravité de l'erreur, ou de la faute commise ; c'est comprendre que c'est mal, que la chose a fait du tort, a offensé, a blessé.

Elle doit être suivie de la repentance

La repentance, c'est un vif regret de ce que l'on a fait. Elle est bien définie dans le texte 2 Corinthiens 7/10-11.

La repentance se manifeste par la confession à Dieu, bien sûr : *Si nous confessons nos péchés...* (1 Jean 1/9), mais aussi à la personne qui a été offensée : *Confessez donc vos péchés les uns aux autres...* (Jacques 5/16). Oui, il faut demander pardon, car c'est un moyen efficace pour sortir des ornières de la vie.

Il faut abandonner le péché et la mauvaise habitude

Il faut le savoir, le pardon de Dieu est une réalité indiscutable : *Si nous confessons nos péchés, il est fidèle et juste pour nous les **pardonner** et nous **purifier** de toute iniquité.* (1 Jean 1/9) Dès cet instant, il est de notre responsabilité de rester dans cette condition, c'est-à-dire: ***"purifié"***. D'où ces exhortations : *C'est pourquoi, **renoncez** au...* (Ephésiens 4/25) ; ***Faites donc mourir** ce qui dans vos membres est terrestre : la débauche, l'impureté, les passions... (Colossiens 3/5) ; mais **maintenant, renoncez à toutes ces choses,** la colère... la méchanceté... les paroles mauvaises...* (Colossiens 3/8)

Vous l'avez compris, l'intéressé se doit d'assumer ses responsabilités ; il se doit de faire un choix et agir en conséquence, en renonçant à ce qui est mauvais.

Il faut le pardon du conjoint offensé

Le pardon !... qui saura mesurer l'importance de cette vertu ? Nous avons été l'objet du pardon de Dieu (Hébreux 10/17-18). D'autre part, Jésus nous dit : *Si vous ne pardonnez pas aux hommes, votre Père ne vous pardonnera pas non plus vos offenses.* (Matthieu 6/15) Nous devons avoir l'esprit du pardon, afin de pouvoir pardonner chaque fois que la chose sera nécessaire.

Voici l'enseignement de Jésus sur le pardon que nous devons accorder à la personne qui nous a offensés :

Pierre s'approcha de lui et dit : Seigneur, combien de fois pardonnerai-je à mon frère, lorsqu'il péchera contre moi ? Sera-ce jusqu'à sept fois ? (Matthieu 18/21) *Jésus lui dit : Je ne te dis pas jusqu'à sept fois, mais jusqu'à soixante-dix fois sept fois.* (Matthieuv18/22) *Et s'il a péché contre toi sept fois dans un jour et que sept fois il revienne à toi, disant « Je me repens » - **tu lui pardonneras**.* (Luc 17/4)

Notons que Jésus précise que l'offenseur doit se repentir, car sans repentir ni confession, le pardon n'a pas lieu d'être.

Parfois, il y a dans les couples des blessures très graves, et il semble pour certain qu'il soit difficile de pardonner. Attention : pour sauvegarder le couple, il ne faut pas perdre de vue le **pardon.**

COMMENT FAIRE SUR LE PLAN PRATIQUE ?

La preuve est faite depuis longtemps : les meilleurs conseils, l'aide des parents, des amis, des pasteurs ou d'autres personnes seront sans résultat si les intéressés passent à côté des quatre points suivants qui sont essentiels.

QUATRE MOTS A RETENIR sont la composante d'une règle morale et spirituelle fondamentale :

AMOUR * SAGESSE * SOUMISSION * RESPECT

Voici quatre mots qui désignent : un état de cœur, une mentalité, des valeurs humaines, morales et spirituelles. Nous le verrons, ces choses vont jouer un rôle primordial dans l'harmonie d'un couple et de la famille. Nous les appellerons les *"QUATRE POINTS FORTS"* d'une famille.

En lisant attentivement la Bible, nous remarquons que deux de ces points s'appliquent au mari *(amour et sagesse),* et que les deux autres s'appliquent à l'épouse *(soumission et respect).* Il est à noter toutefois que chacun doit prendre à son compte les quatre points forts, et les pratiquer au sein même de son couple.

QUATRE POINTS FORTS

Nous appelons "points forts" des qualités humaines, des vertus, des dispositions du cœur et de l'esprit, des valeurs indispensables pour que le couple puisse se construire et s'affirmer au jour le jour. Nous en retiendrons quatre : **l'amour - la sagesse - la soumission - le respect.** Il y en a d'autres, mais nous nous en tiendrons là.

L'AMOUR

Dans la langue Française, nous ne disposons que d'un seul mot : "AMOUR" pour désigner trois états d'âme bien distincts, pour exprimer des sentiments différents, voire simplement des goûts différents. Ce mot si noble semble ne plus avoir de sens pour certaines personnes. Il est galvaudé par les uns, dénaturé par les autres, alors qu'il contient en lui-même le sentiment le plus fort pour faire le bonheur de tous ceux qui veulent se laisser remplir d'amour.

La Bible nous fait découvrir trois expressions différentes de l'amour :

EROS - PHILEO - AGAPAO

ERO ou EROS est la racine du mot "érotique". C'est l'amour "désir", celui des sens. Cet amour est uniquement centré sur la sensualité et la sexualité. Il a sa source dans la vue et non dans le cœur, d'où sa fragilité, sa superficialité, sa versatilité. N'aimer son conjoint que de cette manière, c'est exposer son couple à de nombreux conflits et peut-être à la cassure.

L'érotomanie = l'amour obsessionnel, c'est l'illusion délirante d'être aimé. Le passage de 2 Samuel 13 nous rapporte l'inceste d'Amnon avec sa demi-sœur

Tamar.

Attention à ces mariages réalisés pour satisfaire une passion physique ou pour combler un vide, un sentiment de solitude. Tout cela mène tôt ou tard à la désillusion et le retour à la réalité se fait dans l'amertume ; il conduit parfois au désespoir.

PHILEO a donné le mot "philanthropique".

Ce mot désigne un amour désintéressé. C'est l'amour qui prend soin de l'homme, qui pousse à faire du bien aux autres. Tout cela est très noble, mais comme le dit Paul, ce n'est pas forcément de l'amour au sens réel du terme comme celui décrit dans 1 Corinthiens 13/3 : *Quand je distribuerais tous mes biens pour la nourriture des pauvres, quand je livrerais même mon corps pour être brûlé,* **si je n'ai pas l'amour,** *cela ne me sert à rien.*

Nous découvrons dans ce texte que nous pouvons faire des choses remarquables par philanthropie, mais pas avec amour. Le mariage ne doit pas être un acte de charité ou de pitié pour celui ou celle qui est en manque d'affection et de tendresse.

AGAPAO a donné le mot "agape".

Ce mot veut dire aimer profondément. Il fait allusion à l'amour divin.
Il n'y a pas de plus grand amour que de **donner sa vie pour** *ses amis.* (Jean 15/13)
C'est l'amour qui est exigé par la loi : *Tu aimeras le Seigneur, ton Dieu, de tout ton cœur, de toute ton âme, de toute ta force, et de toute ta pensée.* (Luc 10/27) Ce n'est pas l'amour qui reçoit, mais l'amour qui donne sans attendre

de contrepartie.

Voilà l'amour qu'il faut pour fonder une famille solide qui résistera aux épreuves de la vie. Cet amour-là ne consiste pas à aimer son conjoint pour ce qu'il fait ou pour ce qu'il ne fait pas, mais l'aimer pour ce qu'il (elle) est ; l'être que l'on a remarqué, que l'on a apprécié, estimé et enfin que l'on a aimé. Il (elle) a pris une grande place dans notre cœur et non dans nos sens, voilà toute la différence. Il est écrit dans la Bible que cet amour-là est fort comme la mort : rien ne peut l'éteindre.

L'AMOUR SELON LA BIBLE

La Bible nous donne un enseignement exceptionnel sur l'amour. C'est celui que Dieu nous a témoigné et que Jésus est venu nous démontrer. Il est présenté comme suit : *L'amour est patient, il est plein de bonté ; l'amour n'est point envieux ; l'amour ne se vante point, il ne s'enfle point d'orgueil. Il ne fait rien de malhonnête, il ne cherche point son intérêt, il ne s'irrite point, il ne soupçonne point le mal ; Il excuse tout, il croit tout, il espère tout, il supporte tout.* (1 Corinthiens 13/4-7)

Voici un cantique à l'amour

Mets-moi comme un sceau sur ton cœur... car l'amour est fort comme la mort. Les grandes eaux ne peuvent éteindre l'amour, et les fleuves ne le submergeraient pas. (Cantique des cantiques 8/6-7)

Un exemple d'amour
Il est écrit dans Ephésiens 5/25-28 : *Maris, que chacun aime sa femme,* **comme Christ a aimé** *l'Eglise, et s'est livré lui-même pour elle, afin de la*

sanctifier en la purifiant et en la lavant par l'eau de la parole pour faire paraître devant lui cette Eglise glorieuse, sans tache, ni ride, ni rien de semblable, mais sainte et irréprochable. **C'est ainsi que le mari doit aimer sa femme** comme son propre corps. Celui qui aime sa femme s'aime lui-même.

Quelqu'un dira : mais ce n'est pas possible que je puisse aimer de la sorte, c'est au-dessus de mes capacités ! Humainement, c'est vrai, d'où la nécessité d'avoir recours à la grâce de Dieu, à une relation avec Dieu et vivre une piété véritable.

L'amour est une bénédiction divine

Il est écrit dans l'épître aux Romains 5/5 : *L'amour de Dieu est répandu dans nos cœurs par le Saint-Esprit.* Il en est ainsi de l'amour. Il est une noble exigence, mais aussi une grâce que Dieu répand dans notre cœur. Voilà pourquoi nous devons aimer particulièrement notre conjoint.

L'amour, c'est le fruit de l'Esprit dans notre vie

Nous lisons dans Galates 5/22 : *Mais le fruit de l'Esprit c'est l'amour, la joie, la paix...* Le fruit, c'est le produit naturel d'un arbre, c'est pourquoi le croyant se doit de produire le fruit de l'Esprit, c'est-à-dire aimer comme le dit l'Ecriture.

LA SAGESSE

La *"Sagesse"* est la qualité d'une personne qui a une connaissance profonde et qui agit avec modération, équilibre, de manière réfléchie, conformément aux normes de la morale et de la piété définies par la Bible.

Une règle de conduite

Nous lisons dans 1 Pierre 3/7 : *Maris, montrez à votre tour de la sagesse dans vos rapports avec votre femme, comme avec un sexe plus faible ; honorez-la, comme devant aussi hériter avec vous de la grâce de la vie.*

La *"virilité"* des maris ne doit pas leur faire oublier combien leur épouse a une délicatesse, une sensibilité, une émotivité, une énergie physique très différentes de celles de l'homme, y compris dans les relations quotidiennes et les plus intimes : tout doit être acte d'amour empreint de sagesse.

Un cantique à la sagesse

Une lecture attentive de Proverbes 8 nous fait découvrir entre autre la sagesse. *Car la sagesse vaut mieux que les perles, elle a plus de valeur que tous les objets de prix...* (verset 11). *Le conseil et le succès m'appartiennent ; je suis l'intelligence, la force est à moi...* (verset 14). *Et ceux qui me cherchent me trouvent...* (verset 17) *Si quelqu'un d'entre vous manque de sagesse, qu'il la demande à Dieu, qui donne à tous simplement et sans reproche, et elle lui sera donnée.* (Jacques 1/5)

Il faut de la sagesse pour maintenir l'harmonie du couple ; c'est avec elle que l'on évite des erreurs et des conflits, et s'ils surgissent, elle nous aide à les régler.

LA SOUMISSION

La soumission est le fait de reconnaître une autorité ; elle doit être une action volontaire de se soumettre avec respect et amour.

Une réflexion évolutive sur la soumission nous est présentée dans la Bible ; il est bon de s'en inspirer.

*Soumettez-vous donc **à Dieu**.* (Jacques 4/7)
…*Vous soumettant **les uns aux autres** dans la crainte de Dieu.* (Ephésiens 5/21)… *Femmes, que chacune soit soumise **à son mari** comme au Seigneur…* (Ephésiens 5/22).

Tous ces textes nous amènent à une bonne compréhension de la soumission. Nous réalisons qu'elle n'a rien de servile, mais qu'elle est au contraire une attitude d'humilité dans l'amour.

Dans certaines cultures, y compris religieuses, on impose aux femmes des conditions ou des attitudes humiliantes et dégradantes, sous le prétexte que la femme doit se *"soumettre à son mari"*. Nous devons nous garder de faire dire à la Bible plus qu'elle nous dit.

Lors de la création, Dieu dit : *Il n'est pas bon que l'homme soit seul ; je lui ferai une aide semblable à lui.* (Genèse 2/18). "Une aide", donc un appui, une assistance… voilà ce que Dieu a prévu, et contraindre son épouse, l'humilier, l'abaisser sous le prétexte qu'elle doit être soumise, c'est aller au-delà de ce que dit l'Ecriture.

Il est écrit : *Femmes, que chacune soit soumise à son mari **comme au Seigneur**...* Il est clair que la culture, le comportement du mari, ses paroles et ses actes doivent être semblables à ceux du Seigneur, car il est aussi écrit : *Maris, que chacun aime sa femme, **comme Christ a aimé** l'Eglise, et s'est livré lui-même pour elle.*

Ne perdons donc pas de vue ces deux expressions : « ***comme au Seigneur*** » ; « ***comme Christ a aimé*** ».

Voici un dernier texte qui doit retenir toute notre attention : *Il n'y a plus ni homme ni femme, car **vous êtes un en Jésus-Christ**.* (Galates 3/28) Ici, le Seigneur établit un équilibre entre l'homme et la femme, comme le dit l'Ecriture : *Ils ne sont plus deux, mais une seule chair.* Souvenons-nous qu'il nous est demandé de nous soumettre à Dieu, puis les uns aux autres, et enfin la femme à son mari.

Lorsque *l'autorité* s'exerce dans l'amour, *la soumission* se fait aussi avec amour, et ainsi nul ne domine l'autre, mais chacun répond avec amour aux désirs de l'autre. Ainsi, le mot "soumission" n'est plus un argument pour le mari et un épouvantail pour l'épouse.

LE RESPECT

Le *respect* est un sentiment d'estime, d'égard, de déférence par lequel on témoigne de la considération à un être apprécié, aimé, respecté.

Lisons (Ephésiens 3/33) : *Que la femme respecte son mari.* Lorsque le mari n'en est pas digne parce qu'il est vulgaire, grossier, outrageux, infidèle... sa mauvaise conduite doit être condamnée.

Il est écrit : *Ne prenez point part aux œuvres infructueuses des ténèbres, mais plutôt condamnez-les.* (Ephésiens 5/11) Mais l'homme doit être respecté à cause de la Parole de Dieu. Il va de soi que cela est aussi valable pour le mari, qui se doit de respecter sa femme.

Une grande promesse

Femmes, que chacune soit de même soumise à son mari afin que, si quelques-uns n'obéissent point à la Parole, ils soient gagnés sans parole par la conduite de leur femme, en voyant votre manière de vivre chaste et respectueuse. Ayez, non cette parure extérieure qui consiste dans les cheveux tressés, les ornements d'or ou les habits qu'on revêt, mais la parure intérieure et cachée dans le cœur, la pureté incorruptible d'un esprit doux et paisible qui est d'un grand prix devant Dieu. (1 Pierre 3/1-4)

La Bible nous indique l'état d'esprit qui doit régner dans un couple :
Femme, que chacune soit soumise à son mari COMME AU SEIGNEUR.
(Ephésiens 5/22)
Maris, que chacun aime sa femme COMME CHRIST a aimé l'église.
(Ephésiens 5/25)

Notons les expressions : *COMME AU SEIGNEUR* et *COMME CHRIST* ; elles sont pour le croyant la base de référence, le point de repère incomparable pour animer les sentiments qui doivent exister entre un mari et sa femme. Nous avons là l'image de la relation de l'Eglise avec le Seigneur Jésus, et la relation du Seigneur avec son Eglise.

Ce texte d'Ephésiens 5 se termine par ces paroles : *Ce mystère est grand ; je dis cela par rapport à Christ et à l'Eglise. Du reste, que chacun de vous aime sa femme comme lui-même, et que la femme respecte son mari.* (versets 32-33)

CONCLUSION

Les problèmes de couple sont un malheur pour ceux qui les traversent. Ils attristent le cœur de Dieu et sont un obstacle à la piété personnelle et familiale. Ils font honte à l'Eglise et lui portent un grave préjudice.

Les mauvaises habitudes doivent être abandonnées. Les époux doivent s'estimer, s'aimer ; si nécessaire s'excuser, se pardonner et se réconcilier ; c'est la base de toute bénédiction pour la famille.

RELATIONS FAMILIALES

Le couple ainsi que les enfants qu'il a engendrés vont vivre dans un environnement composé de personnes diverses. Les unes très proches, par des liens familiaux, les autres plus éloignées, par de simples amitiés.

Nous le savons, **"l'intimité du couple"** est à sauvegarder envers et contre tout face à d'éventuels problèmes. D'où la nécessité pour ce couple d'adapter ses relations en fonction de chaque cas de figure, et il doit prendre ses responsabilités morales et spirituelles.

Une fois encore la Bible définit clairement le type de relations qu'il faut établir avec les diverses personnes que le couple est appelé à côtoyer dans la vie de chaque jour. Nous n'aborderons pas une multitude de détails ou d'exemples, mais nous donnerons une ligne conductrice laissant à chacun la sagesse de choisir la conduite qu'il doit suivre.

Nous traiterons en priorité des relations avec les amis, puis des relations avec les divers membres de la famille.

RELATIONS AVEC LES AMIS

Nous le savons, nous sommes dans le monde et nous ne pouvons pas sortir du monde. C'est là que nous avons des amis : amis de jeunesse, collègues de travail, voisins... Les ignorer serait une erreur et ne glorifierait pas l'évangile. Toutefois, nous sommes exhortés à nous garder du monde, c'est-à-dire à nous préserver de sa mentalité, de ses mœurs et de ses coutumes, surtout aujourd'hui.

Voyons cela sur le plan pratique :

Relations avec nos amis non croyants

Nos relations avec les personnes non croyantes, même avec des amis ou amies très chers, doivent être pleines de sagesse et de prudence afin de ne pas être entraînés à des débordements dont nos valeurs morales et spirituelles auraient à souffrir.
Nous devons rester des témoins de Christ et les amener au salut.

Relations avec nos amis croyants

Ce sont nos relations avec les frères et sœurs dans la foi. L'amour fraternel est une vertu, un devoir, mais l'intimité et une grande familiarité sont un danger.

Alors suivons donc cette règle de conduite : *Ayant purifié vos âmes en obéissant à la vérité pour avoir un amour fraternel sincère, aimez-vous ardemment les uns les autres, de tout votre cœur, puisque* ***vous avez été régénérés...*** (1 Pierre 2/22,23)

L'amour fraternel est une réalité et une exigence, mais il doit se vivre en toute pureté et sainteté. Notons cette exhortation afin de bien régler nos relations : *Mets rarement le pied dans la maison de ton prochain, de peur qu'il ne soit rassasié de toi et qu'il ne te haïsse.* (Proverbes 25/17)

Notons enfin qu'une trop grande intimité avec les amis a amené certaines personnes à des affections illicites, voire coupables. Certains couples en sont arrivés à des déchirements, des ruptures et parfois à des échanges inacceptables. Donc, une grande sagesse et une grande prudence s'imposent.

RELATIONS AVEC LES ENFANTS

La venue des enfants dans un couple est une source de bénédiction. Pour qu'il en soit ainsi, il faut établir des relations selon les normes de Dieu. Les bonnes relations parents-enfants sont conditionnées par la piété, la sagesse et la sainteté des parents. En effet, les enfants observent, regardent leurs parents et ils imitent leurs faits et gestes ainsi que leurs paroles.

Quelques conseils pratiques

Il faut que chaque parent possède personnellement une réelle communion avec Dieu, une foi vivante et une piété réelle.

Il faut que les parents aient une bonne communion entre eux ; harmoniser leurs points de vue et avoir la même appréciation des valeurs morales et spirituelles.

Les parents doivent aimer leurs enfants tels qu'ils sont, afin de pouvoir les amener à ce que Dieu veut qu'ils soient. Nous n'aimons pas nos enfants parce qu'ils sont gentils, mais parce que c'est notre devoir de les aimer, car c'est Dieu qui nous les a confiés.

Il faut aux parents de la sagesse et de l'intelligence pour éduquer leurs enfants selon les normes bibliques, afin de créer en eux la *crainte* de Dieu et non la *peur* de Dieu. Or, la sagesse, il nous faut la demander à Dieu.

Il faut que les parents sachent comprendre leurs enfants, dialoguer avec eux afin de répondre au mieux à leurs interrogations et les aider face à leurs problèmes. Tant que l'enfant peut parler avec ses parents, il y a de l'espoir. L'enfant doit pouvoir parler de ses succès mais aussi de ses échecs, de ses luttes, de ses tentations, de ses états d'âme...

QUE DIT LA BIBLE AU SUJET DES ENFANTS

Aujourd'hui, beaucoup de parents ont de la peine à comprendre leurs enfants. La philosophie et la pédagogie que le monde nous propose ne sont pas toujours en mesure de répondre à nos questions. Pour bien comprendre nos enfants, les enseignements de la Bible sont une aide précieuse.

Voici quelques textes :

La folie est attachée au cœur de l'enfant ; la verge l'éloignera de lui. (Proverbes 22/15)
Parents, rassurez-vous ! Il n'est pas question ici de troubles mentaux, mais d'un manque de jugement, d'absence de raison qui viendra avec l'âge.
Rebelles à leurs parents, ingrats, irréligieux... (2 Timothée 3/2) L'enfant refuse de se soumettre, il est contestataire, voire même délinquant...

Certains diront : d'où vient cette mentalité ? Il est écrit : *la vaine manière de vivre que vous avez héritée de vos pères.* (1 Pierre 1/18)

La folie, la rébellion... voilà donc tout ce qu'il faut pour que nos enfants s'engagent dans la mauvaise voie, celle du péché, de la perdition. C'est leur nature par héritage, un héritage de folie, d'iniquité, qui se transmet de génération en génération.

D'un auteur inconnu, retenons la réflexion suivante :

* Si l'enfant vit dans la critique, il apprend à blâmer !
* Si l'enfant vit dans l'animosité, il apprend à se battre !
* Si l'enfant vit dans la moquerie, il apprend à se renfermer sur lui-même !
* Si l'enfant vit dans la vulgarité, il apprend à devenir grossier !
* Si l'enfant vit dans la honte, il apprend à se sentir coupable !...

PAR CONTRE :

* Si l'enfant vit dans la tolérance, il apprend à être patient !
* Si l'enfant vit dans l'encouragement, il apprend à avoir confiance !
* Si l'enfant vit dans la louange, il apprend à apprécier les gens !
* Si l'enfant vit dans l'équité, il apprend à être juste !
* Si l'enfant vit dans la sécurité, il apprend à avoir foi dans l'avenir (et en Dieu).
* Si l'enfant vit dans l'approbation, il apprend à s'aimer lui-même !
* Si l'enfant vit dans l'acceptation et l'amitié, il apprend à être sensible à l'amour des autres !
* Si l'enfant vit dans le respect des autres, il apprend la courtoisie et la politesse !
* Si l'enfant vit dans fidélité, il apprend la loyauté !...

Nous venons de voir ici un grand sujet de réflexion, qui lève le voile sur beaucoup de questions que nous pouvons nous poser en ce qui concerne les enfants.

ROLE DES PARENTS AUPRES DE LEURS ENFANTS

Nous avons déjà dit qu'il fallait créer dans le cœur des enfants **la crainte de Dieu**. C'est cette crainte qui favorisera leur attachement aux vraies valeurs. Disons-le très fort, le rôle des parents auprès des enfants est capital car ils doivent être des témoins de Christ, des éducateurs, des pédagogues... La Bible nous donne un enseignement précis à ce sujet.

Un texte de base : Psaume 78/3-8

*Ce que nous avons **entendu**, ce que nous **savons**...* (Psaume 78/3)
*Nous ne le **cacherons point** à leurs enfants ; nous **dirons** à la génération future **les louanges** de l'Eternel, et **sa puissance**, et **les prodiges** qu'il a opérés.* (Psaume 78/4)

Voilà le rôle des parents : dire les louanges, la puissance, les prodiges que Dieu a faits. Mais lisons encore : *Il a établi **un témoignage** en Jacob, Il a mis **une loi** en Israël, **il a ordonné** à nos pères **de l'enseigner** à leurs enfants (Psaume 78/5) pour qu'elle soit connue de la génération future, des enfants qui naîtraient et que, devenus grands, ils en parlent à leurs enfants.* (Psaume 78/6)

Les parents ont la responsabilité, le devoir d'enseigner la Parole de Dieu à leurs enfants, dans quel but ? ***Afin qu'ils mettent en Dieu leur confiance, qu'ils n'oublient pas les œuvres de Dieu, qu'ils observent ses commandements,*** *afin qu'ils ne soient pas, comme leurs pères, une race indocile et rebelle, une race dont le cœur n'était pas ferme, et dont l'esprit n'était pas fidèle à Dieu.* (Psaume 78/7-8)

Pour pouvoir transmettre et enseigner ces choses à leurs enfants, il faut que les parents les aient entendues, qu'ils les connaissent et qu'ils les vivent eux-mêmes.

Un commandement fondamental

Voici une parole que Dieu a adressée à Abraham : *Car je l'ai choisi, afin qu'il* **ordonne** *à ses fils et à sa maison après lui de* **garder** *la voie de l'Eternel, en* **pratiquant** *la droiture et la justice,* **et qu'ainsi l'Eternel accomplisse en faveur d'Abraham les promesses qu'il lui a faites...** (Genèse 18/19)

Dieu avait fait à Abraham de grandes promesses. Pour que ces promesses se réalisent, Abraham devait enseigner les voies de Dieu à sa descendance.

Dieu nous a fait aussi des promesses : pour qu'elles se réalisent, nous devons faire la part qui nous incombe. *Il a* **ordonné** *à nos pères de l'*<u>enseigner</u> *à leurs enfants.* (Psaume 78/5)

Cette parole de Dieu est incontournable. Il faut que les parents enseignent la Parole de Dieu à leurs enfants afin de les amener à l'obéissance du cœur. C'est cette obéissance qui leur permettra d'accéder au salut et de marcher dans les voies de Dieu, d'acquérir des valeurs morales et spirituelles.

Dans quel but ?

Le but de Dieu, c'est que tous les hommes soient sauvés, et à plus forte raison nos enfants. Voilà pourquoi il est écrit : *Afin qu'ils mettent en Dieu leur confiance, qu'ils n'oublient pas...* (Psaume 78/7)

Nous retiendrons ici que le rôle des parents auprès de leurs enfants, c'est d'abord être des *témoins* du Seigneur à qui ils appartiennent ; puis ils doivent être *éducateurs*, pour enseigner à leurs enfants les choses de la vie mais aussi les choses de la foi. Paul dit : **Sois un modèle.** (1 Timothée 4/12) Voilà ce que doivent être les parents.

LE COMMANDEMENT DE LA LOI DE DIEU

Nous le savons, la loi contient des valeurs morales et spirituelles nécessaires à la conduite de tout être humain, donc des enfants. Voici le commandement de base :

*Tu **aimeras l'Eternel**, ton Dieu, de tout ton cœur, de toute ton âme et de toute ta force.* (Deutéronome 6/5)

*Et ces commandements, que je te donne aujourd'hui, **seront dans ton cœur**.* (Deutéronome 6/6)

*Tu les **inculqueras** à tes enfants, et tu en **parleras** quand tu seras dans ta maison, quand tu iras en voyage, quand tu te coucheras et quand tu te lèveras.* (Deutéronome 6/7)

***Tu aimeras l'Eternel** ton Dieu de tout ton cœur...* Voici le premier pas du commandement, qui s'adresse aux parents ; il signifie avoir une vie personnelle avec Dieu ; ils seront alors un modèle aux yeux de leurs enfants.

Ensuite : *"**tu les inculqueras à tes enfants"**.* Inculquer, c'est faire entrer dans leur esprit à force de répétition.

Mais leur inculquer quoi ?

Inculquer les valeurs morales et spirituelles de la Bible.
Les préparer à la vie d'adulte, éducation et instruction.
Les préparer à la vie d'époux, d'épouse et de parents.

Remarquons ce texte : *Instruis l'enfant selon la voie qu'il doit suivre ; et quand il sera vieux, il ne s'en détournera pas.* (Proverbes 22/6)

Il faut enseigner les enfants dans les voies de Dieu. Mais attention de ne pas mettre sur eux un joug (Colossiens 2/21-22). Il convient de leur enseigner l'obéissance du cœur accompagnée de la raison et de la foi. Il faut leur présenter le Sauveur et la grâce. Il faut leur faire réaliser le besoin de se convertir et de s'attacher à ce Dieu qui les aime, et qui leur offre une vie glorieuse.

LE COMMANDEMENT DU NOUVEAU TESTAMENT

Nous avons vu l'enseignement dans l'Ancien Testament. Voyons ce que nous dit le Nouveau Testament.

Il est écrit : *Pères,* **n'irritez pas** *(colère sourde) vos enfants, mais* **élevez-les** *(cultiver, développer) en les* **corrigeant***, en les* **instruisant** *selon le Seigneur* (conformément à la volonté du Seigneur) (Ephésiens 6/4)… c'est-à-dire leur communiquer les hautes valeurs morales et spirituelles que nous offre la Bible. Il faut leur présenter le Sauveur - Jésus afin qu'ils aient envie de se confier en lui, pour être sauvés, secourus. (Psaume 78/7)

Nous lisons encore : *N'irritez pas vos enfants de peur qu'ils ne se découragent.* (Colossiens 3/21)

Nous retiendrons de ces textes deux expressions importantes : **Ne pas irriter** et ***instruire***. Toute une pédagogie à apprendre, surtout à notre époque où tant de choses poussent les hommes à l'irritation, et où trop de parents qui ne savent pas comprendre ni enseigner leurs enfants ont choisi la voie de la démission.

Quelqu'un a dit : ***Instruire un enfant, c'est le construire à l'intérieur de lui-même, c'est le faire devenir un homme.***

Nous avons là une belle, une noble mission. Faire de nos enfants de futurs hommes qui seront des époux et des pères, de futures femmes qui seront des épouses et des mères.

LA CORRECTION - LA DISCIPLINE

Faut-il corriger, faut-il discipliner les enfants ?... Voilà un sujet très controversé aujourd'hui.

Il ne faut pas se méprendre sur le mot *correction* et l'attribuer uniquement à l'action physique (punition, châtiment corporel). Sachons que *corriger* veut dire tout d'abord effacer, ôter ce qui est mauvais, faux, et le remplacer par ce qui est juste, bon. Toutefois, ne perdons pas de vue que dans certains cas, la correction - la verge en l'occurrence - est nécessaire, mais de quelle manière ? Attention à ces corrections qui sont empreintes de colère, de méchanceté, voire de haine, qui laissent l'enfant meurtri, tuméfié, humilié, révolté. Cela, nous le savons, est mauvais, et osons le dire : c'est un péché.

Mais regardons ce que la Bible nous enseigne à ce propos.

Une parole d'importance capitale

Il est écrit : *Châtie ton fils, car il y a encore de l'espérance ; mais ne désire point le faire mourir.* (Proverbe 19/18)

Certains enfants ont fait des choses qui ont poussé leurs parents au point de désirer le pire. Entendez cette parole : **Ne désire pas le faire mourir.** Pourquoi ? Mais parce que, le texte nous dit également : *il y a encore de l'espérance.* Mais il faut *châtier*.

Châtier veut dire : punir sévèrement, c'est-à-dire sans complaisance, avec rigueur et justice.

Lisons encore : *N'épargne pas la correction à l'enfant ; si tu le frappes de la verge, il ne mourra point.* (Proverbe 23/13)... et au verset 14 : *En le frappant de la verge, tu délivres son âme du séjour des morts.*

La *verge* dont il est question ici n'est nullement un bâton avec lequel on peut causer de graves blessures, mais une simple baguette flexible, ou une poignée d'herbes longues. Donc quelque chose qui peut être cinglant certes, mais qui ne peut pas blesser. Le but de cette intervention est pédagogique, afin que l'enfant comprenne où se trouve la limite entre le bien et le mal et qu'au final, il soit sauvé.

Nous lisons aussi : *La verge et la correction donnent la sagesse, mais l'enfant livré à lui-même fait honte à sa mère.* (Proverbe 29/15) Certainement, vous le savez, la preuve est faite : l'enfant est plus attentif à la correction quand elle s'impose, plutôt qu'aux paroles même très sévères.

Une question à se poser

Jusqu'où va la responsabilité des parents envers leurs enfants ?

Selon la loi *(des hommes),* la responsabilité des parents va en principe jusqu'à la majorité des enfants, bien que parfois elle puisse aller plus loin. Si nous regardons de très près l'esprit de l'évangile, ce sera jusqu'à leur maturité. A ce niveau, nous devons admettre que l'âge varie d'un enfant à un autre.

RELATIONS AVEC LES PARENTS

La Bible définit la responsabilité des parents envers leurs enfants, et elle précise aussi celle des enfants envers leurs parents.

Les parents, voilà la première autorité que l'enfant rencontre sur la terre. Des textes bibliques apprennent à l'enfant comment il doit se conduire envers ses parents. Il faut noter combien cette conduite influencera celle qu'il aura envers Dieu. Et par voie de conséquence, l'enfant connaîtra une vie heureuse ou malheureuse. Tous ceux qui accumulent des problèmes tenaces devraient s'interroger sur les relations qu'ils ont avec leurs parents, les sentiments qu'ils nourrissent envers eux et quel est le respect qu'ils leur témoignent ...

Voici une règle de vie fondamentale que Dieu indique à tous les êtres humains :

Il faut honorer les parents.

Honore ton père et ta mère (c'est le premier commandement avec une promesse), afin que tu sois heureux et que tu vives longtemps sur la terre. (Ephésiens 6/2-3)

Honore ton père et ta mère. C'est avoir de la considération, du respect, de l'estime, accomplir ses devoirs, ne rien faire qui puisse leur faire honte...

La Bible dit aussi : ***Ecoute ton père**, lui qui t'a engendré, et **ne méprise pas ta mère**, quand elle est devenue vieille.* (Proverbe 23/22)

Honorer, écouter, ne pas mépriser, voici des choses faciles pour certaines personnes car ils ont eu des parents valeureux. Mais pour d'autres qui ont vécu leur enfance dans la violence, avec des cris et des coups ; l'alcoolisme, la débauche et la délinquance ; quelques-uns ont même subi l'inceste... Comment faire pour honorer, pour ne pas mépriser, pour ne pas se laisser emporter par la rancœur ou la haine ? Qui aura la réponse ? Nous devons le savoir, Dieu hait le péché et il l'a montré en acceptant que son Fils Jésus meure sur la croix pour expier les péchés. Mais c'est par amour pour les pécheurs qu'il a accepté ce grand sacrifice.

Voilà pourquoi, si nous ne pouvons ni approuver ni ignorer la gravité des choses énumérées plus haut, nous devons toutefois savoir que par amour et en particulier par amour pour des parents qui sont pécheurs, le Seigneur dit : *Honore ton père et ne méprise pas ta mère.* Chose impossible ou tout au moins difficile à vivre pour le commun des mortels. Mais celui qui veut obéir à Dieu ouvrira son cœur à sa grâce et le Seigneur guérira les blessures les plus profondes et y mettra des sentiments nouveaux.

Une leçon à apprendre

Il est écrit : *Si une veuve a des enfants ou des petits-enfants,* **qu'ils apprennent** *avant tout à exercer la piété envers leur famille, et* **à rendre à leurs parents ce qu'ils ont reçu d'eux** *; car cela est agréable à Dieu.* (1 Timothée 5/4)

Je ne sais pas s'il est toujours possible de rendre à nos parents tout ce que l'on a reçu d'eux. La situation matérielle de certaines personnes ne permettra pas à tout le monde d'accomplir tout ce qu'ils aimeraient faire, mais n'oublions pas que nos parents ont eu soin de nous ; alors il nous faut avoir soin d'eux quand ils sont devenus âgés. La meilleure dette à leur rembourser est celle de l'**amour** que nous leur devons.

En conclusion, voici deux grandes promesses

Dieu met devant nous deux grandes promesses, l'une pour les parents, l'autre pour leurs enfants **:**

POUR LES PARENTS

Crois au Seigneur Jésus, et tu seras sauvé, toi et ta famille. (Actes 16/31)

Les parents croyants ne manqueront pas de faire auprès de leurs enfants tout ce que Dieu leur commande pour qu'ils soient sauvés, car leur conversion à Dieu n'est pas automatique.

POUR LES ENFANTS

Honore ton père et ta mère (c'est le premier commandement avec une promesse), afin que tu sois heureux et que tu vives longtemps sur la terre. (Ephésiens 6/3)

Nous devons le savoir : notre bonheur sur la terre dépend en partie, non seulement de notre relation avec Dieu, mais aussi de celle que l'on a avec ses parents. Il est vrai que l'on ne choisit pas ses parents, mais choisissons de faire ce que Dieu nous demande.

RELATIONS AVEC LA BELLE-FAMILLE

La "belle-famille" se compose du père et de la mère de chacun des époux ; des personnes qui peuvent être une source de bienfait, de bénédiction mais qui, parfois peut-être sans le vouloir, peuvent aussi susciter quelques problèmes.

Les beaux-parents doivent savoir quel est leur rôle, mais aussi quelles sont leurs limites. Il faut aussi que les conjoints sachent quelle attitude ils doivent avoir envers leurs parents et leurs beaux-parents, mais aussi envers leurs frères et sœurs selon la chair, car une trop grande intimité peut nuire à l'harmonie du couple.

UNE IMPORTANTE DÉCLARATION

Nous lisons : *C'est pourquoi l'homme **QUITTERA** son père et sa mère, il **S'ATTACHERA** à sa femme et les deux **DEVIENDRONT** une seule chair.* (Genèse 2/24 ; Matthieu 19/5 ; Ephésiens 5/31)

C'est Dieu qui a défini ce principe : il est impératif qu'il soit compris par les deux conjoints, mais aussi par leurs parents respectifs. Il y a dans ce texte une vérité qu'il ne faut pas perdre de vue : **QUITTER** *son père et sa mère,* **S'ATTACHER** *à sa femme.* Attention, il n'est nullement question d'une rupture totale, car les enfants doivent remplir leurs devoirs envers leurs parents. Disons seulement que chacun doit garder sa place, l'homme, sa femme et leurs parents. Au mariage il se produit un transfert d'affection : c'est le conjoint qui devient l'interlocuteur privilégié.

LES ÉPOUX AVEC LEURS BEAUX-PARENTS

Chaque époux doit savoir accepter et aimer les parents de son conjoint, les honorer comme ses parents et se souvenir aussi qu'ils sont les grands-parents de leurs enfants. *Honore ton père et ta mère afin que tu sois heureux sur la terre.* (Ephésiens 6/2)

LES PARENTS ET LEUR BELLE-FILLE OU LEUR GENDRE

Les parents des époux ont un double rôle à assumer : Celui de beaux-parents et celui de grands-parents.

Il est une réalité que certains parents vivent assez mal, mais qu'il faut pourtant comprendre et accepter : nos enfants doivent nous quitter et s'attacher à leur conjoint, pour construire leur couple, s'installer et organiser leur vie. Voilà pourquoi il faut que les beaux-parents apprennent à assumer ce double rôle : celui de beaux-parents et celui de grands-parents.

LE ROLE DES BEAUX-PARENTS

Voici un texte très important qui s'adresse aux parents des époux : *Pour toi, dis les choses qui sont conformes à la saine doctrine. Dis que les vieillards doivent être sobres, honnêtes, modestes, sains dans la foi, dans l'amour, dans la patience. Dis que les femmes âgées doivent aussi avoir l'extérieur qui convient à la sainteté, n'être ni médisantes, ni adonnées aux excès du vin ; qu'elles doivent donner de bonnes instructions, dans le but d'apprendre aux jeunes femmes à aimer leur mari et leurs enfants, à être retenues, chastes, occupées aux soins domestiques, bonnes, soumises à leur mari, afin que la parole de Dieu ne soit pas blasphémée.* (Tite 2/1-5)

Ce texte est qualifié de : *choses qui sont conformes à la saine doctrine.* Il est précisé ici comment doivent se conduire les beaux-parents pour aider le couple de leurs enfants.

En premier lieu, ils doivent accepter et aimer le conjoint de leur fils ou de leur fille. Dans les conflits, ils doivent être des messagers de paix et aider leurs enfants en toute justice et vérité, sans parti pris, à consolider leur couple et non exciter leurs querelles. Ils doivent être de bons conseillers ; conseiller l'épouse dans son rôle d'épouse et de mère pour qu'elle devienne une maîtresse de maison ; conseiller l'époux dans son rôle de mari, de père et de chef de famille, c'est-à-dire à devenir un exemple, un modèle. Les beaux-parents doivent adopter un comportement discret, savoir s'effacer et se retirer dans certaines situations.

Une idée préconçue : *"de mon temps"*. Ainsi s'expriment certains beaux-parents et grands-parents. Il n'est pas sage de comparer les coutumes et la mentalité de son époque avec celles des couples d'aujourd'hui, et faire des remarques désobligeantes ou des reproches à nos enfants et nos petits-enfants. Il n'est pas question bien sûr de fermer les yeux sur des fautes graves, mais n'oublions pas qu'autrefois, les hommes étaient aussi des pécheurs et qu'ils ont aussi eu besoin d'être sauvés.

LE ROLE DES GRANDS-PARENTS

Les grands-parents : voilà des personnes qui doivent être en bénédiction auprès des petits-enfants. Ils ont acquis une expérience de la vie et ils ont une maturité qu'ils doivent communiquer et partager avec leur descendance.

Quelques conseils pratiques

Attention au caractère faible. Notez pour cela que *"l'art d'être grand-père"* n'est pas le code de référence par excellence ; nous trouvons mieux dans la Bible.

Les grands-parents doivent savoir consoler et chérir les petits-enfants, sans négliger une bonne éducation.

Les grands-parents doivent contribuer à l'éducation de leurs petits-enfants et leur communiquer la foi et la crainte de Dieu, semer dans leur jeune cœur les valeurs morales et spirituelles que nous avons dans la Bible.

Les grands-parents utiliseront leur expérience et leur maturité pour être de bons pédagogues et de bons conseillers, pleins de sagesse mais aussi avec une certaine fermeté.

Les grands-parents renonceront au caractère acariâtre ; ils renonceront à médire des parents auprès des petits-enfants, ainsi qu'à toute manœuvre intrigante.

CONCLUSION

Pour avoir de bonnes relations familiales, il est souhaitable que tous les parents chrétiens aient une relation exemplaire avec Dieu, avec leur belle-famille et avec leurs enfants.

Il faut aussi que tous les enfants chrétiens aient également une relation exemplaire avec Dieu, avec leurs parents et avec leurs grands-parents.

Que Dieu fasse que tous les beaux-parents et les grands-parents chrétiens soient des personnes exemplaires qui vivent sainement et saintement leur foi et communiquent ces valeurs chrétiennes à leurs enfants et à leurs petits-enfants.

Il est un fait certain : dans la Bible, Dieu donne à chacun de nous tous les enseignements nécessaires, et surtout nous précise la grâce qui est en Christ pour que notre foyer et notre famille soient un cadre de bénédiction et de bonheur.

C'est ainsi que Dieu sera glorifié et que chacun sera heureux dans son activité.

IMPORTANT

Si les qualités, les vertus chrétiennes n'ont pas été vécues afin de régler les conflits de famille, il faut que chacun de ses membres se repente et se détourne de ses mauvaises voies, et change de mentalité. Alors Dieu pourra accomplir en faveur de la famille ses desseins bienveillants et la bénir comme il a prévu de le faire.

REFLEXIONS SUR LE DIVORCE ET LE REMARIAGE

Avant d'aborder ce chapitre sur le divorce, il nous faut nous souvenir que c'est Dieu qui a voulu la famille et faire de ce cadre de vie une source de bonheur, de joie et de paix... Il l'a clairement prouvé en nous donnant sa grâce en Jésus et en bénissant toutes les familles de la terre. Cette grâce détourne tous les hommes de leurs péchés. Dans une famille, si chaque membre vit pleinement sa foi et sa piété, si chacun prend ses responsabilités en vivant les valeurs morales et spirituelles que nous offre l'évangile, c'est-à-dire aimer le conjoint, les enfants, se respecter, s'estimer... le foyer sera heureux.

Lorsqu'un couple arrive à la décision de divorcer, c'est que les conjoints, ou tout au moins l'un d'eux, a mis en oubli ou bien a rejeté le dessein de Dieu en faveur de la famille. En effet, en prenant une telle initiative, on décide de ne pas obéir aux commandements que Dieu nous a donnés, et on rend ainsi inopérante la bénédiction de Dieu en faveur de la famille.

LE DIVORCE !... LE REMARIAGE ?...

Le divorce est devenu un véritable fléau pour toutes les couches de notre société au point qu'il atteint un nombre de plus en plus important de couples. Sans remonter bien haut dans le temps, nous pouvons dire que dans le passé, l'église connaissait très peu de problèmes à ce sujet. Mais depuis, ce mal est venu et progresse sans cesse : voilà pourquoi nous ne devons pas l'ignorer, mais il faut avoir le courage de l'aborder, de l'étudier et voir ce que le croyant doit faire pour éviter d'en arriver là. Ce problème concerne les conjoints en priorité, mais aussi leurs familles respectives, leurs amis, sans oublier l'Eglise.

Nous devons savoir que le divorce a toujours été un sujet de discussion difficile dans l'Eglise. Même au temps du Seigneur Jésus, les juifs se posaient la question : *Est-il permis à un homme de répudier sa femme pour n'importe quel motif ?* (Matthieu 19/3)

Notre étude n'a pas la prétention de répondre à toutes les questions qui se posent dans les familles. Nous voulons seulement aborder et étudier séparément les textes bibliques qui nous parlent du sujet, mais aussi les voir en relation les uns avec les autres.

LE PROCESSUS QUI CONDUIT AU DIVORCE

Le divorce n'est pas un accident brutal qui survient à l'improviste. Il est l'aboutissement d'un cheminement plus ou moins rapide. C'est la fin de tout un parcours rempli de déception, de frustration, d'humiliation, avec toutes les conséquences que cela engendre pour chaque conjoint, leurs enfants et leurs familles respectives.

Un regard sur ce cheminement

LE MARIAGE : c'est un temps de bonheur, d'espérance, de rêve...

LA DISCORDE : elle surgit au cours de discussions où chacun veut triompher de l'autre. Les causes en sont diverses : d'où la déception, l'incompréhension, les querelles...
L'erreur, c'est lorsque les discutions deviennent de plus en plus fréquentes et débouchent sur des disputes avec toutes les conséquences imprévisibles.

LA SEPARATION : elle fait suite à la discorde par la décision d'un seul et parfois par consentement mutuel, sur demande conjointe des deux époux.

Un peu de vocabulaire

REPUDIER : c'est le renvoi du conjoint par la volonté d'un seul conjoint.

DIVORCE : c'est la rupture légale du mariage et sa dissolution, prononcées par un jugement. (En matière de droit, la loi change d'un pays à un autre, France, Belgique, Suisse,...)

SEPARATION DE CORPS : c'est la dispense de certaines obligations que le mariage impose (vie commune en particulier). Dans cette position, les époux ne peuvent se remarier, mais il n'est pas question de divorce. C'est une éventualité qui peut être utilisée, mais avec beaucoup de précaution, de sagesse et **toujours de façon très limitée dans le temps**.

Cette séparation peut avoir pour cause la violence, la folie, le dérèglement des mœurs (inceste, homosexualité, délinquance...) mais aussi et surtout quand il y a danger.

La séparation de corps peut être envisagée et utilisée pour permettre à chaque conjoint de se remettre en cause, de faire le point pour se retrouver et repartir sur de meilleures bases.

Une idée à étudier

Les couples en difficulté devraient avoir recours à un conseiller sage, juste, mais surtout spirituel. Quelqu'un de la famille ou de l'église, le couple pastoral, les anciens, des amis croyants, qui auront un rôle de médiateur ou de conciliateur.

LE DIVORCE, UN GRAND FLEAU

Notre génération subit une inquiétante évolution en ce qui concerne le divorce. Nous constatons que ce drame est devenu courant chez les non croyants. Aujourd'hui, ce mal gagne du terrain même chez les croyants qui, mettant en oubli les enseignements de la Bible, envisagent d'imiter ce qui se fait dans le monde.

LES TEXTES BIBLIQUES QUI PARLENT DU DIVORCE

Deutéronome 24/1-4 ; Matthieu 5/31-32 et 19/3-12 ; Marc 10/2-12 ; Luc 16/18 ; 1 Corinthiens 7/10-15 ; Romains 7/1-3 ; Esaïe 50/1 ; Jérémie 3/8 ; Malachie 2/16

Remarque : nous devons veiller à ne pas utiliser des versets pris séparément dans le but de justifier ou de condamner certaines situations, car avec le temps personne ne sera dupe.

LA QUESTION QUE BEAUCOUP DE PERSONNES SE POSENT

Est-il permis à un homme de répudier sa femme pour un motif quelconque ? (Matthieu 19/3)
Question on ne peut plus importante dans notre génération où le divorce est demandé et prononcé pour toutes sortes de raisons plus ou moins valables.

LA REPONSE DE JESUS

C'est Jésus qui donne la réponse :
N'avez-vous pas lu que le Créateur, au commencement, fit l'homme et la femme. (Matthieu 19/4) et qu'il dit : *C'est pourquoi l'homme quittera son père et sa mère et s'attachera à sa femme et les deux deviendront une seule chair.* (Matthieu 19/5) Et il ajoute : *Ainsi ils ne sont plus deux, mais une seule chair.* (Matthieu 19/6)
Cette dernière parole se trouve 5 fois dans la Bible.

Jésus nous ramène à l'origine, à la création et il souligne que le couple selon Dieu est indissoluble : « *Une seule chair* »

LE DIVORCE EST-IL PERMIS ?

Les couples qui sont confrontés à des difficultés et surtout à l'incapacité de résoudre leurs conflits, pensent que le mieux est d'envisager la séparation et même la rupture, disons-le, le divorce. C'est ici une grave décision. Faut-il la prendre, eu égard à ce qui se fait généralement aujourd'hui dans le monde, ou bien agir à la lumière de ce que la Bible nous enseigne ?

L'ARGUMENT HUMAIN

Bien souvent, l'être humain cherche son propre intérêt, d'où cette tendance à tourner la Parole de Dieu à son avantage pour lui faire dire plus qu'elle ne dit et s'en servir pour se justifier...

Nous lisons ceci : *Pourquoi donc, lui dirent-ils, Moïse a-t-il prescrit de donner une lettre de divorce...* (Matthieu 19/7) (**Prescrire** = ordre donné qui doit être exécuté) et dans l'évangile de Marc 10/4 : *Moïse, dirent-ils, a permis d'écrire* *une lettre de divorce...* (**Permettre** : donner le pouvoir de faire)

Cette *"prescription"* ou *"permission"* n'est pas accordée pour n'importe quel motif, mais dans un cadre bien précis. Nous le verrons plus loin.

VOICI LA REPONSE DE JESUS

Matthieu 19/8 : *Moïse vous a "permis" de répudier...*
Marc 10/4 : *Moïse vous a "donné" ce précepte...*

Ce que Moïse a *prescrit* ou ce qu'il a *permis*, c'est **d'écrire la lettre de divorce**, mais Dieu n'a pas **prescrit** le divorce.

POURQUOI CETTE PERMISSION ?

Cette permission n'est pas en relation avec la pensée profonde de Dieu, mais l'expression des sentiments du cœur humain : c'est ce qui a fait dire à Jésus : *C'EST A CAUSE DE LA DURETE DE VOTRE COEUR.* (Marc 10/5) Jésus ajoute : *Au commencement il n'en était pas ainsi.* Il est clair que ce qui a amené Dieu à *permettre* le divorce, ce n'est pas une évolution dans sa pensée, mais bien la dureté du cœur humain.

Le cœur qui ne sait pas pardonner, ou qui ne veut pas pardonner ! Le cœur qui ne sait pas supporter, ou qui ne veut pas supporter ! Le cœur qui ne sait pas espérer, ou qui ne veut pas espérer ! Car l'amour pardonne, supporte, espère... (1 Corinthiens 13)
Rappelez-vous ce que nous avons déjà dit : l'amour (eros ou phileo) ne dure qu'un temps, et il suffit de peu de choses pour éteindre ce genre d'amour. Par contre, l'amour (agapao) est fort comme la mort ; les grandes eaux ne peuvent le submerger. (Cantique des Cantiques 8/6-7)

Donc, celui ou celle qui veut divorcer le fait à cause de la dureté de son cœur. Pourtant, il y a une vérité dont il faut se souvenir : *J'ôterai de votre corps le cœur de pierre, et je vous donnerai un cœur de chair...* (Ezéchiel 36/24-27) Croyants... n'oubliez jamais que le jour où vous avez accepté Jésus comme Sauveur, Il a changé votre cœur.

LEGISLATION BIBLIQUE DU DIVORCE DANS L'ANCIEN TESTAMENT

Un seul texte contient une législation précise sur le divorce :

Lorsqu'un homme aura pris et épousé une femme qui viendrait à ne pas trouver grâce à ses yeux, parce qu'il a découvert en elle quelque chose de honteux, il écrira pour elle une lettre de divorce, et après la lui avoir remise en main, il la renverra de sa maison. Elle sortira de chez lui, s'en ira, et pourra devenir la femme d'un autre homme. (Deutéronome 24/1-4)

Une lecture hâtive de ce texte pourrait nous pousser à croire que le divorce est prescrit par la loi de Dieu. Or, il n'en n'est rien. Sachons ceci : Dieu n'a jamais prévu le divorce. En effet, il a dit : *Je serai ton fiancé pour toujours par la fidélité.* (Osée 2/21-22) Dieu a toujours crié très fort sa fidélité à son alliance avec son peuple.

C'est le comportement des hommes qui a amené Dieu à définir des règles bien précises, pour éviter les excès. Dieu a toujours désapprouvé le divorce. (Malachie 2/16) Le divorce n'est pas obligatoire et ce, quel que soit le cas de figure, car Dieu est le Dieu de la réconciliation. (Matthieu 6/14-15)

En conséquence donc, le divorce est toléré mais jamais commandé, ni recommandé par Dieu. Le divorce est un mal digne de sa désapprobation, car il est le fait d'une décision humaine.

LA LETTRE DE DIVORCE

Dans le texte cité ci-dessus, on devait écrire une lettre pour exprimer sa décision de divorcer. Bien que nous n'ayons pas de précision exacte sur le contenu de cette lettre, il est aisé de comprendre que l'on devait y mentionner des faits précis, car il est écrit : *Parce qu'il a découvert en elle quelque chose de honteux.* (Deutéronome 24/1)

Quelle était cette *chose honteuse* ? Ce n'était pas l'adultère, ni une impureté sexuelle, ni une absence de virginité, pourquoi ? Parce que ces choses étaient punies selon ce qui est écrit dans la loi de Moïse : *Si un homme commet un adultère avec une femme mariée, s'il commet un adultère avec la femme de son prochain, l'homme et la femme adultères seront punis de mort...* (Lévitique 20/10) *Si le fait est vrai, si la jeune femme ne s'est point trouvée vierge... on fera sortir la jeune femme à l'entrée de la maison de son père, elle sera lapidée par les gens de la ville et elle mourra, parce que elle a commis une infamie en Israël, en se prostituant.* (Deutéronome 22/20-21) Sentence très sévère, mais qui ne nécessitait pas la lettre de divorce. Lorsqu'on a amené à Jésus une femme adultère, il nous a donné une leçon de sagesse, de justice et de miséricorde dans l'évangile (Jean 8/1-11).

Alors, qu'est-ce que *la chose honteuse* ?
L'hébreu dit : *Erwath dâbhâr,* ce qui veut littéralement dire *la nudité d'une chose.* Il y a eu beaucoup de discussions sur ce sujet. Selon des commentateurs juifs, l'avis le plus probant semble être : une conduite indécente, grossière, hautement déplacée, caractère exécrable qui soulève l'indignation et le dégoût, rendant la vie conjugale insupportable...

Voilà ce que l'on peut dire sur ce sujet.

POURQUOI LA LETTRE DE DIVORCE ?

Elle servait à diverses fins et on devait y mentionner des faits précis.

C'était un document légal qui avait pour objet d'empêcher les décisions intempestives des maris. Elle engageait l'homme à mettre par écrit sa détermination de répudier sa femme à cause d'une chose honteuse qu'il devait préciser dans cette lettre.

D'autre part, elle était pour la femme un document qui la protégeait contre des accusations sans fondement qui l'auraient exposée à un châtiment. Car dans ces situations-là, lorsqu'on veut répudier son conjoint, on dit beaucoup de choses plus ou moins exactes qui peuvent être préjudiciables au conjoint répudié.

Remarque sur le verset 2 :

Dans les versions Segond et La Colombe, il est écrit : *... et pourra devenir la femme d'un autre homme* (c'est une possibilité).
Dans la version de la TOB, il est écrit : *Si elle devient la femme d'un autre homme* (c'est une éventualité).

LE DIVORCE DANS LE NOUVEAU TESTAMENT

Nous aborderons le sujet avec ce texte : *Il a été dit : Que celui qui répudie sa femme lui donne une lettre de divorce. Mais moi, je vous dis que celui qui répudie sa femme, sauf pour cause **d'infidélité**, l'expose à devenir adultère, et que celui qui épouse une femme répudiée commet un adultère.* (Matthieu 5/31-32)

Jésus aborde ici le problème du divorce sous un autre angle. En effet, sous le régime de la grâce, on aborde les fautes et on les règle avec justice mais aussi avec miséricorde, amour et sagesse, même quand il y a des fautes très graves.

POUR JESUS, UN SEUL MOTIF DE DIVORCE

Il est écrit : *Sauf pour cause d'INFIDELITE* (Matthieu 5/32), car l'infidélité brise le lien conjugal. Pour Jésus, *L'INFIDELITE* est plus grave que *la chose honteuse,* car elle constitue une violation occasionnelle ou répétée des obligations du mariage ; elle est le non-respect du devoir de fidélité, qui a pour conséquence le maintien de la vie commune en bonne harmonie. L'infidélité n'est pas seulement l'adultère, mais ce peut être le non-respect des obligations du mariage.

Ce texte nous enseigne trois choses : UN FAIT, UN DRAME, UNE SITUATION INDIGNE.

Une remarque importante : ne perdons pas de vue que le divorce n'a pas été prévu par Dieu. C'est à cause de la dureté du cœur humain qu'il le *permet* et qu'il le *tolère,* mais il ne l'a JAMAIS commandé. Le divorce n'est donc pas obligatoire, et il est un mal digne de désapprobation à cause des conséquences qu'il engendre.

UN FAIT : l'infidélité

Dans un cas de divorce pour infidélité, le conjoint infidèle n'a pas tenu ou ne tient plus les devoirs et les obligations du mariage. Par ce fait, il a rompu le lien conjugal et il en porte la responsabilité.
Chacun est tenté quand il est attiré et amorcé par sa propre convoitise. Puis la convoitise, lorsqu'elle a conçu, enfante le péché ; et le péché, étant consommé produit la mort. (Jacques 1/14-15)

UN DRAME

Quant au conjoint répudié pour tout autre motif que l'infidélité, Jésus nous dit qu'il est *exposé* à devenir adultère, à cause des tentations auxquelles il (elle) sera exposé (solitude, besoins physiques...)

Mais moi, je vous dis que celui qui répudie sa femme, sauf pour cause d'infidélité, l'expose à devenir adultère. (Matthieu 5/32)

UNE SITUATION INDIGNE

Jésus a dit : *Mais moi, je vous dis que celui qui répudie sa femme, sauf pour cause d'infidélité, l'expose à devenir adultère, et que celui qui épouse une femme répudiée commet un adultère.* (Matthieu 5/32) Donc, celui qui épouse un conjoint qui a été répudié - pour cause d'infidélité, bien sûr - commet un adultère et se comporte comme un infidèle, car un adultère est esclave de son péché.

REMARQUE : dans Marc 10/12, *Si une femme répudie son mari* (Darby, Colombe) Jésus admet que la femme puisse répudier son mari ; ce cas était absent de l'Ancien Testament.

CE QUE LA BIBLE NOUS RECOMMANDE

L'attachement de Dieu aux alliances
Il est écrit : *Je (Dieu) hais la répudiation. (Malachie 2/16)*
(voir aussi Esaïe 50/1 et Osée 2) C'est pourquoi nous avons dans le Nouveau Testament l'exhortation suivante : *Que l'homme ne sépare pas ce que Dieu a joint* (Matthieu 19/6). Le texte de Colossiens 3/12-14 nous parle de compassion, de support, de pardon... Lorsque dans un couple on pratique ces qualités, ces valeurs, on saura sauvegarder l'alliance du mariage.

CONCLUSION
Le divorce est un mal grave : c'est pourquoi Dieu ne l'a jamais ordonné. Il le tolère uniquement à cause de la dureté du cœur humain. Il n'est donc pas nécessaire, ni obligatoire. (Esaïe 50/1 ; Osée 2) Les couples en difficulté doivent se ressaisir et prendre conscience qu'avec la grâce de Dieu, il est possible de passer le cap et d'éviter la rupture.

Un appel à la réflexion

Deux valent mieux qu'un... car s'ils tombent, l'un relève son compagnon... mais malheur à celui qui est seul et qui tombe, sans avoir un second pour le relever ! ... la corde à trois fils ne se rompt pas facilement.
(Ecclésiaste 4/9-12)

LE REMARIAGE

Le remariage, voilà un sujet qui a soulevé beaucoup de questions et de controverses chez les croyants. Il est difficile de l'aborder d'une manière générale. Toutefois, des textes bibliques nous permettent de trancher dans certaines situations. Pour d'autres cas, il nous faudra avoir recours à notre cœur, à notre sagesse et notre intelligence.

LE REMARIAGE DES PERSONNES VEUVES

Nous remarquerons tout d'abord qu'en ce qui concerne le remariage des personnes veuves, la Bible nous donne des précisions qu'il est bon de connaître.

Il est écrit :

Si le mari meurt, elle est dégagée de la loi, de sorte qu'elle n'est point adultère en devenant la femme d'un autre homme. (Romains 7/3)

Elles (les jeunes veuves) *veulent se marier, et se rendent coupables en ce qu'elles violent leur premier engagement*. (1 Timothée 5/12)

Je veux donc que les jeunes veuves se marient. (1 Timothée 5/14)

Selon la Parole de Dieu, les veufs et les veuves peuvent donc envisager leur remariage, mais ils violent alors leur premier engagement envers le conjoint décédé : ceci ne saurait porter atteinte à leur salut, puisque le verset 14 suggère le remariage pour ceux qui ne pourraient rester seul.

LE REMARIAGE DES PERSONNES DIVORCEES

Maintenant, abordons la question du remariage des personnes divorcées. Nous touchons ici un point des plus délicats et de loin des plus controversés de notre étude. Les textes bibliques relatifs à cette question sont peu nombreux et leur interprétation n'est pas toujours facile.

Quelques remarques

L'ADULTERE ou L'INFIDELITE : c'est la rupture du lien conjugal. C'est un péché pour celui qui le commet et il en portera la peine.
Les textes bibliques sont sans équivoque : Marc 7/21-23 ; Jacques 1/13-15 ; 1 Corinthiens 6/9-10 ; Proverbes 22/14 ; Ecclésiaste 7/26

LA VICTIME DU DIVORCE

Le mot *victime* dérangera peut-être plusieurs de nos lecteurs. En effet, dans les divorces, on dit généralement que les torts sont partagés, et il y a du vrai en cela.

Mais nous pensons à la personne qui, malgré des erreurs ou même des fautes de sa part, ne souhaite ni ne veut le divorce ; plus même, elle a multiplié ses efforts pour changer sa propre vie afin d'éviter le divorce et sauver le couple. Mais les choses sont allées trop loin, et elle doit s'incliner sous la pression de l'autre conjoint ou de la législation.

Il y a les cas d'infidélité réelle de la part du conjoint qui demande le divorce ; nous pensons que celui ou celle qui a fait tout son possible pour l'éviter mais qui doit subir ce divorce ne saurait être tenu(e) pour responsable de la rupture que la faute a provoqué.

REFLEXION SUR UN TEXTE FONDAMENTAL

N'avez-vous pas lu que le créateur, **au commencement,** *fit l'homme et la femme* (Matthieu 19/4) *et qu'il dit : c'est pourquoi l'homme* **quittera** *son père et sa mère, et* **s'attachera** *à sa femme, et les deux* **deviendront** *une seule chair ?* (Matthieu 19/5) *Ainsi ils ne sont plus deux, mais ils sont une seule chair.* **Que l'homme donc ne sépare pas ce que Dieu a joint.** *(*Matthieu 19/6*)*

La leçon que nous devons retenir de ces textes, c'est que le Seigneur **nous renvoie à l'origine** où Dieu créa l'homme et la femme pour qu'ils soient UN. C'est pourquoi Il nous exhorte vivement à ne pas briser le lien conjugal. Donc en voulant le divorce, ou en l'acceptant par consentement mutuel, on brise ce que Dieu a uni.

TEXTES QUI PARLENT DU REMARIAGE DES DIVORCES

Un premier texte nous parle du *remariage d'une personne qui a divorcé* : *Elle pourra devenir la femme d'un autre homme* (Deutéronome 24/2) dans le cas où il n'y a pas eu adultère de sa part, mais seulement à cause *"d'une chose honteuse" (*revoir le passage où nous traitons ce sujet*).*

Cas de remariages que Jésus qualifie d'ADULTERE

Celui qui répudie sa femme – sauf pour cause d'infidélité – et qui en épouse une autre commet un adultère. (Matthieu 19/9)
Celui qui répudie sa femme et qui en épouse une autre commet un adultère.

(Marc 10/11)

Si une femme répudie son mari et en épouse un autre, elle commet un adultère. (Marc 10/12)

Notons que le Seigneur ne dit pas **ADULTERE**, mais il dit **INFIDELITE**. C'est la seule raison que le Seigneur admette pour répudier son conjoint ; mais il a précisé : *à cause de la dureté de votre cœur* (Matthieu 19/8). Toute autre raison que l'infidélité est désavouée par le Seigneur. Tout remariage dans ces cas-là est appelé par le Seigneur ADULTERE, car il y a eu répudiation avec le désir ou le besoin de se remarier, ou simplement parce qu'il y a eu demande de divorce. Celui qui a été infidèle et qui se remarie commet l'adultère, et divorcer pour se remarier est un adultère.

Dans le texte de Luc 16/18, il est question de quelqu'un qui épouse une personne qui a été répudiée - pour infidélité. Epouser cette personne répudiée est un adultère.
Le remariage d'un(e) divorcé(e), quand il n'y a pas eu infidélité de la part de son conjoint, est un ADULTERE.

LE REMARIAGE DES VICTIMES DU DIVORCE

Nous appelons "*VICTIME*" du divorce la personne qui ne peut être désignée comme *infidèle* ; elle a été abandonnée et subit un divorce qu'elle n'a pas souhaité.

Il y a un fait sur lequel la Bible est silencieuse : c'est le remariage des personnes "fidèles" qui ont été abandonnées, qui subissent le drame du divorce qu'elles n'ont pas voulu.

En conséquence, il nous paraît sage de ne pas aller au-delà de ce qui est écrit à savoir : aucun texte n'autorise ou ne donne un "DROIT" au remariage ; aussi nous n'encouragerons personne dans cette voie. Nous les exhortons à s'attendre à une action de Dieu pour rétablir leur couple. D'autre part, nous ne pouvons condamner qui que ce soit qui, après avoir été abandonné, se remarie avec une personne dans la même condition ou qui est célibataire.
Car il vaut mieux se marier que de brûler ! (1 Corinthiens 7/9)

❖ LE DROIT AU REMARIAGE

Existe-t-il un *droit au remariage* pour ceux qui ont subi un divorce qu'ils n'ont pas voulu ?

Sachons que si la Bible donne une *tolérance* pour le divorce en cas d'infidélité, elle ne laisse pourtant apparaître aucun droit au remariage. Celle ou celui qui envisage le remariage le fait sous sa responsabilité, sans pouvoir prétendre à un "DROIT" que Dieu pourrait nous accorder.

❖ CONCLUSION

Il se dégage donc de notre réflexion trois points :

L'adultère est un péché condamnable.

Celui qui demande le divorce, alors qu'il n'y a pas eu d'infidélité de la part de son conjoint et se remarie, commet un adultère.
Le remariage du conjoint qui n'a pas été infidèle mais qui a subi le divorce ne peut être conseillé ; il ne peut toutefois pas être non plus condamné, car la Bible ne dit rien dans ce cas de figure.

UN CAS PARTICULIER

Il y a un texte qui doit retenir notre attention en ce qui concerne une éventuelle séparation dans un couple :

A ceux qui sont mariés j'ordonne, non pas moi mais le Seigneur, que la femme ne se sépare point de son mari ; si elle est séparée, qu'elle demeure sans se marier ou qu'elle se réconcilie avec son mari, et que le mari ne répudie point sa femme.

Aux autres, ce n'est pas le Seigneur, c'est moi qui dis : Si un frère a une femme non croyante et qu'elle consente à habiter avec lui, qu'il ne la répudie point ; et si une femme a un mari non croyant et qu'il consente à habiter avec elle, qu'elle ne répudie point son mari. Car le mari non croyant est sanctifié par la femme, et la femme non croyante est sanctifiée par le mari ; autrement, vos enfants seraient impurs, tandis que maintenant ils sont saints.

Si le non croyant se sépare, qu'il se sépare ; le frère ou la sœur ne sont pas liés dans ces cas-là. Dieu nous a appelés à vivre en paix.

Car sais-tu, femme, si tu sauveras ton mari ? Ou sais-tu, mari, si tu sauveras ta femme ? (1 Corinthiens 7/10-16)

Ce texte se divise en deux paragraphes distincts qui traitent deux situations différentes.

Les versets 10 et 11 Ils s'adressent à un **couple de croyants**, qui a des problèmes relationnels et qui envisage la séparation. Dans ce cas, la réponse est claire, c'est le Seigneur qui nous l'a donne : ***Que l'homme ne sépare***

pas ce que Dieu a uni.

Que la femme ne se sépare pas de son mari. (1 Corinthiens 7/10)
Que le mari ne répudie pas sa femme. (1 Corinthiens 7/11)

Donc il est inconcevable que des croyants envisagent la rupture. Il faut se repentir de la chose qui rend la vie conjugale difficile ; il faut se réconcilier et changer sa manière de se comporter l'un vis-à-vis de l'autre, afin de rétablir la communion, l'harmonie, l'affection...

Les versets 12 à 16 concernent un couple déjà marié dont un conjoint est devenu croyant, mais l'autre est resté incrédule. Ce couple connaît des problèmes relationnels graves. Il nous faut en chercher la cause : est-ce la foi et la piété du croyant qui dérange, ou bien s'agit-il d'un comportement qui ne correspond pas à celui d'un chrétien digne de ce nom ? Car dans le cas d'un mauvais témoignage du croyant, ce dernier se doit de faire le point et de rectifier sa manière de vivre.

Une remarque importante relative aux paroles de Paul :

J'ordonne, non pas moi mais le Seigneur. (1 Corinthiens 7/10)
Ce n'est pas le Seigneur, c'est moi qui dis. (1 Corinthiens 7/12)

Est-ce à dire que nous avons ici les paroles de Jésus et celles de Paul ? Essayons d'éclaircir ce texte.

Dans 1 Corinthiens 7/10, Paul reprend les paroles de Jésus citées en Matthieu 19/6 : *Que l'homme ne sépare pas ce que Dieu a uni.*
Ce texte de 1 Corinthiens 7/12 nous présente une personne devenue

croyante après son mariage, alors que son conjoint est resté non croyant. Or Jésus n'a rien dit pour ce cas de figure. Avons-nous donc là un avis humain ?

Lisons ce que Paul nous dit : *Je donne un avis en homme que Dieu a rendu fidèle.* (1 Corinthiens 7/25b)
Cet avis, c'est que le croyant ne doit pas prendre l'initiative de la séparation, donc : IL NE SE SEPARE PAS.
Et Paul ajoute : *Et moi aussi je crois avoir l'Esprit de Dieu.* (1 Corinthiens 7/40b)

Etude de 1 Corinthiens 7/15 : *Si le non croyant se sépare, qu'IL SE SEPARE.*
Nous avons ici la séparation VOLONTAIRE du NON CROYANT. C'est lui qui prend l'initiative de cette séparation, et c'est lui qui en porte la responsabilité et non le croyant. Ce texte concerne uniquement les couples dont l'un est devenu croyant après le mariage (voir le verset 15). Ce texte précise que le croyant ne doit pas envisager la séparation. (versets 12,13).

La séparation du non croyant, si elle arrive, doit être le résultat d'un conflit spirituel aigu et non d'une incompatibilité de caractère ou d'une inconduite du croyant, car dans ce dernier cas, il faudrait que le croyant se repente.

C'est le non croyant qui doit prendre cette décision — mais jamais le croyant — et lorsqu'il le fait, le texte nous dit : *Le frère ou la sœur n'est pas lié en pareil cas. Car Dieu nous a appelés à vivre en paix.* (1 Corinthiens 7/15b)

Ceci dans le cas ou le non croyant a décidé de demander le divorce.

Encore une fois, il est clair que la Bible ne rend pas responsable le croyant qui a été abandonné et elle ne dit rien sur son éventuel remariage. Prétendre avoir droit au remariage ou bien condamner celui qui se remarie, c'est aller au-delà de ce qui est écrit.

UNE VERITE FONDAMENTALE

L'union conjugale doit rester intacte. En aucun cas, le croyant ne doit ni quitter ni répudier le conjoint non croyant. Rappelons qu'Il est écrit : ***Que l'homme ne sépare pas ce que Dieu a joint — Qu'il ne répudie pas sa femme — Que la femme ne répudie pas son mari.***

POURQUOI CETTE EXHORTATION ?

Car le mari non croyant est sanctifié par la femme... La femme non croyante est sanctifiée par le frère. (1 Corinthiens 7/14)

Ceci nous prouve que :

Le croyant ne se souille pas au contact du conjoint non croyant, mais qu'il le sanctifie. (1 Pierre 3/1-5)

Sachons-le : la puissance de la foi est plus forte que celle de l'incrédulité. La grâce agit pour sanctifier la famille entière : conjoint, enfants... et ne l'oublions jamais : le lien conjugal est indissoluble.
Dieu honore et bénit le couple en vue d'amener toute la famille à la foi en Christ.

CONCLUSION

Si le Seigneur a autorisé ou toléré le divorce, c'est à cause de la dureté du cœur humain ; il fait toutefois appel à notre cœur régénéré pour savoir si nous devons oui ou non divorcer, ou nous remarier, ou espérer en Dieu en vue de la restauration de notre couple.

PARVENIR A LA FOI ETANT DIVORCES, ET CERTAINS REMARIES

Nous abordons ici la situation douloureuse de certaines personnes qui ont vécu le drame du divorce. Nous reconnaissons humblement qu'il sera difficile de répondre à tous les cas de figure, qui sont tous différents. Nous allons donc nous limiter à définir des principes et parfois donner un simple avis.

DIVORCÉ, MAIS NON REMARIÉ

Nous lisons dans la Bible l'exhortation suivante, qui s'adresse à l'un et à l'autre des époux, sans distinction :

Si elle est séparée, qu'elle demeure sans se remarier ou qu'elle se réconcilie avec son mari. (1 Corinthiens 7/11)

Il faut donc faire le point et demander l'aide de Dieu en vue de la restauration du couple pour retrouver une vie familiale normale. Toutefois, pour ne pas aller vers de nouveaux conflits, il sera raisonnable de rebâtir sur de bonnes bases. Il faudra que chaque conjoint adopte des valeurs morales et spirituelles de qualité.

DIVORCÉ, ET L'UN OU LES DEUX SONT REMARIÉS

Il ne paraît pas raisonnable de prescrire un nouveau divorce pour rétablir le premier foyer. Seule une intervention de Dieu peut diriger les choses et donner la solution.

Lorsqu'il y a eu divorce et création d'un nouveau couple sans être mariés, ces personnes doivent envisager de régulariser leur situation, surtout quand il y a des enfants qui sont nés de cette nouvelle union.

APPLICATION PRATIQUE

Retenons que le divorce est un mal grave. Il n'est pas obligatoire. Si Dieu le tolère à cause de la dureté du cœur humain, il le désapprouve.

Les couples qui sont séparés mais où chacun des conjoints est toujours libre, nous les exhortons à rechercher le secours de Dieu pour rebâtir sur de nouvelles bases.

Pour ceux dont le conjoint est déjà remarié, rappelez-vous que les droits au divorce et au remariage ne se trouvent pas dans la Bible ; en conséquence, votre remariage dépend de votre propre volonté. S'il n'y a aucun verset qui vous condamne, il n'y en a pas non plus qui vous approuve.

CONCLUSION

Voici quatre textes que nous devons garder gravés au fond de nous-mêmes pour vivre une vie familiale bénie et heureuse.

Toutes les familles de la terre seront bénies
Tu seras sauvé toi et ta famille
Que le mariage soit honoré de tous
Que l'homme ne sépare pas ce que Dieu a joint

INTERVENTION DE DIEU EN FAVEUR DES FAMILLES

Cette étude a mis en évidence ce que nous devons éviter de faire, et comment nous devons nous comporter au sein de notre famille pour qu'elle soit un havre de paix, de bonheur et de repos. Ainsi, lorsque surgira une épreuve, toute la famille ne fera qu'un pour y faire face et la surmonter. Humainement, nous serions tentés de croire que ce niveau ne puisse pas être atteint ; alors il nous faut regarder un dernier point, à savoir *DIEU LES BENIT* comme nous le lisons dans Genèse 1/28.

UNE PAROLE DE DIEU

Il est une parole de Dieu qui fait suite à la bénédiction de Genèse 1/28 et qui va même bien au-delà : **Toutes les familles de la terre seront bénies**. *(Genèse 12/3)* Il faut noter que cette déclaration se trouve SEPT fois dans la Bible, ce qui souligne son importance.

Voici les références : Genèse 12/3 - Genèse 28/14 - Actes 3/25, avec le mot FAMILLES.

Dans les références suivantes : Genèse 18/18 - Genèse 22/18 - Genèse 26/4 - Galates 3/8, avec le mot NATIONS.

Certains commentateurs pensent qu'il s'agit uniquement des NATIONS. Mais nous le savons, les *nations* sont constituées par des *familles,* et chacune d'elle est l'objet de la grâce de Dieu.

LE MOYEN DE DIEU

Le moyen de Dieu pour bénir toutes les familles nous est présenté dans ce texte : *Dieu ayant suscité son Serviteur l'a envoyé pour vous bénir en détournant chacun de vous de ses iniquités.* Actes 3/26. Ce serviteur dont parle l'Ecriture, c'est le Seigneur Jésus-Christ. (voir Luc 1/69-75 ; Luc 4/18-19) Cette bénédiction consiste à nous détourner de nos péchés, de nos fautes…

Qu'est-ce que le Christ a fait pour nous détourner de nos péchés et pour que nous soyons bénis ?

Nous lisons dans Romains 5/8 : *Christ est mort pour nous*. Et dans 1 Corinthiens 15/3 : *Christ est mort pour nos péchés.*
Oui, par sa mort à la croix du calvaire, Christ est une victime expiatoire pour nos péchés, subissant à notre place la peine que nous méritions.

Donc, la bénédiction de Dieu en faveur des humains, c'est que nos péchés soient ôtés, que nous en soyons délivrés en acceptant notre salut.

COMMENT OBTENIR LA BENEDICTION ?

Le texte biblique dit : *Toutes les familles de la terre seront bénies EN TA POSTERITE* (Actes 3/5). Une postérité, c'est la suite de ceux qui descendent d'une même souche. Dieu veut donc bien bénir toutes les familles, mais sur le principe de la lignée d'Abraham, et non pas celle du sang : celle qui a la *FOI* dans le Seigneur Jésus, dans son œuvre rédemptrice accomplie sur la croix.

QUI EST CETTE POSTERITE ?

Trois textes vont nous montrer comment nous pouvons être cette *postérité* :

Vous êtes tous fils de Dieu PAR LA FOI EN JESUS-CHRIST. (Galates 3/26)
Vous tous qui AVEZ ETE BAPTISES EN JESUS-CHRIST, vous avez revêtu Christ. (Galates 3/27) ; (voir aussi 2 Corinthiens 5/17)
Si vous êtes à Christ, vous êtes donc LA DESCENDANCE d'Abraham, héritiers selon la promesse. (Galates 3/29)

Les deux vérités qui se dégagent de ces textes sont la *FOI* au Fils de Dieu, avec la *CONVERSION* à Dieu.

QUE FAUT-IL FAIRE ?

L'apôtre Pierre nous le dit : *REPENTEZ-VOUS donc et CONVERTISSEZ-VOUS pour que vos péchés soient effacés.* (Actes 3/19) En disant cela, il reprend seulement les paroles prononcées par Jésus au tout début de son ministère. (Marc 1/15)

Voyons le sens exact de ces deux expressions :

La repentance : *La tristesse selon Dieu produit une repentance qui mène au salut dont on ne se repent jamais, tandis que la tristesse du monde produit la mort. Et voici, cette même tristesse selon Dieu, quel empressement n'a-t-elle pas produit en vous ! Quelle justification, quelle indignation, quelle crainte, quel désir ardent, quel zèle, quelle punition !* (2 Corinthiens 7/10-11)

La conversion : *On raconte... comment vous vous êtes convertis à Dieu, en abandonnant les idoles pour servir le Dieu vivant et vrai, et pour attendre des cieux son Fils qu'il a ressuscité des morts, Jésus, qui nous délivre de la colère à venir.* (1 Thessaloniciens 1/9-10)

Il est écrit : *Reconnaissez que ce sont ceux qui ont la foi qui sont fils d'Abraham.* (Galates 3/7) *Ainsi ceux qui croient sont bénis avec Abraham le croyant.* (Galates 3/9)

Alors croyez, et vous serez les bénéficiaires de la bénédiction de Dieu : Il pardonnera vos péchés. Il fera de vous un être nouveau. *Je vous donnerai un cœur nouveau et je mettrai en vous un esprit nouveau.* (Ezéchiel 36/26)

C'est ainsi qu'il vous rendra capable d'être : un véritable époux, fidèle, aimant, serviable, responsable... une véritable épouse, fidèle, aimante, capable, responsable. Il mettra dans votre foyer l'amour, la paix, l'harmonie ...

CONCLUSION

Au terme de cette étude, il serait prétentieux de croire que nous avons épuisé le sujet et répondu à toutes les questions. Toutefois, nous devons comprendre que la famille est dans le plan et dans l'œuvre de Dieu en faveur des hommes en vue de leur bonheur. D'où certainement les attaques du diable dans le but de détruire ce que DIEU a voulu bénir.

Alors soyons sages pour demander l'aide de Dieu dans le choix du conjoint de notre vie, pour former en nous l'époux et l'épouse que nous devons être.

N'oublions pas que la grâce de Dieu est là pour nous permettre de réussir, pour remporter les victoires et même pour réparer ce que nos erreurs ont parfois gâché.

N'oublions pas ces deux paroles de Dieu :   familles

Dieu les bénit. Genèse 1/28.

Toutes les familles de la terre seront bénies. Actes 3/2.

BIBLIOGRAPHIE

Titres	Auteurs	Editeurs
S'AIMER	Maurice RAY	
JE VEUX T'AIMER	André ADOUL	La ligue
LE MARIAGE	M. et R. NICOUD	Empreinte
MARIAGE ET FOYER	Rex JACKSONL	I.C.I
VOTRE FOYER POUR CHRIST -	H. HENRIEHSEN	Vida
LA CLE DE L'AMOUR	K. BURTON	Vida
LES DIMENSIONS DE LA FEMME	GA. CRETZ	Vida
FEMME DIEU LA FIT	Gien KARSEN	Nappresse
PROFITONS DE NOS ENFANTS- H.B.	LANDRUN	Vida
LE DIVORCE	John MURAY	Impact-Canada
LE. DIVORCE.	J.L. PUJOL	Empreinte
LE CONFLIT CONJUGAL	J.L. PUJOL	Empreinte

Table des Matières

PREFACE..2

INTRODUCTION..4

REFLEXIONS SUR LE MARIAGE..7

UN PEU DE VOCABULAIRE..8
    CONCUBINAGE - AMOUR LIBRE - MARIAGES MIXTES................9
    LES MARIAGES MIXTES...13
    LES FIANçAILLES ?...15
    LA FAMILLE selon la BIBLE..18

L'HARMONIE FAMILIALE..21
    DES CAUSES DE DIFFICULTES CONJUGALES............................21
    LES CAUSES COMPREHENSIBLES...22
    LES CAUSES INADMISSIBLES...23
    COMMENT EVITER CES CHOSES ?...25
    COMMENT AFFRONTER LES PROBLEMES ?..................................25
    COMMENT REGLER LES PROBLEMES ?..27
    COMMENT FAIRE SUR LE PLAN PRATIQUE ?................................29

QUATRE POINTS FORTS..30
    L'AMOUR SELON LA BIBLE..32
    LA SAGESSE...33
    LA SOUMISSION...35
    LE RESPECT..36

RELATIONS FAMILIALES..39
    RELATIONS AVEC LES AMIS..39
    RELATIONS AVEC LES ENFANTS..41
        ROLE DES PARENTS AUPRES DE LEURS ENFANTS...............44
        LE COMMANDEMENT DE LA LOI DE DIEU................................46
        LE COMMANDEMENT DU NOUVEAU TESTAMENT...................47
        LA CORRECTION - LA DISCIPLINE...48
    RELATIONS AVEC LES PARENTS..50
    RELATIONS AVEC LA BELLE-FAMILLE..53
        LES ÉPOUX AVEC LEURS BEAUX-PARENTS............................54
        LE ROLE DES BEAUX-PARENTS...55
        LE ROLE DES GRANDS-PARENTS..56

REFLEXIONS SUR LE DIVORCE ET LE REMARIAGE.........................59
    LE DIVORCE, UN GRAND FLEAU..62
        LA QUESTION QUE BEAUCOUP DE PERSONNES SE POSENT...62
        LA REPONSE DE JESUS..63

LE DIVORCE EST-IL PERMIS ?	63
L'ARGUMENT HUMAIN	63
VOICI LA REPONSE DE JESUS	64
POURQUOI CETTE PERMISSION ?	64
LEGISLATION BIBLIQUE DU DIVORCE	**66**
DANS L'ANCIEN TESTAMENT	**66**
LA LETTRE DE DIVORCE	66
LE DIVORCE DANS LE NOUVEAU TESTAMENT	**69**
POUR JESUS, UN SEUL MOTIF DE DIVORCE	69
UNE SITUATION INDIGNE	70
CE QUE LA BIBLE NOUS RECOMMANDE	71
LE REMARIAGE	**72**
LE REMARIAGE DES PERSONNES VEUVES	72
LE REMARIAGE DES PERSONNES DIVORCEES	73
LA VICTIME DU DIVORCE	73
LE REMARIAGE DES VICTIMES DU DIVORCE	75
UN CAS PARTICULIER	**77**
UNE VERITE FONDAMENTALE	80
PARVENIR A LA FOI ETANT DIVORCES,	**82**
ET CERTAINS REMARIES	**82**
DIVORCÉ, MAIS NON REMARIÉ	82
DIVORCÉ, ET L'UN OU LES DEUX SONT REMARIÉS	82
INTERVENTION DE DIEU EN FAVEUR DES FAMILLES	**84**
UNE PAROLE DE DIEU	84
LE MOYEN DE DIEU	85
COMMENT OBTENIR LA BENEDICTION ?	85
QUE FAUT-IL FAIRE ?	86
BIBLIOGRAPHIE	**89**

La reproduction des textes contenus dans ce livre, intégrale ou partielle, sans l'accord de l'auteur, par quelque procédé que ce soit, est strictement interdite.

Charles GISQUET
22, rue du Jeu de Paume
_F-81000_
MONTAUBAN

i want morebooks!

Oui, je veux morebooks!

Buy your books fast and straightforward online - at one of world's fastest growing online book stores! Environmentally sound due to Print-on-Demand technologies.

Buy your books online at
www.get-morebooks.com

Achetez vos livres en ligne, vite et bien, sur l'une des librairies en ligne les plus performantes au monde!
En protégeant nos ressources et notre environnement grâce à l'impression à la demande.

La librairie en ligne pour acheter plus vite
www.morebooks.fr

 VDM Verlagsservicegesellschaft mbH
Heinrich-Böcking-Str. 6-8   Telefon: +49 681 3720 174   info@vdm-vsg.de
D - 66121 Saarbrücken   Telefax: +49 681 3720 1749   www.vdm-vsg.de

www.ingramcontent.com/pod-product-compliance
Lightning Source LLC
Chambersburg PA
CBHW020808160426
43192CB00006B/488